복잡한 보험
쉽게 알려드림

복잡한 보험

HIGH FIVE!

가성비 보험가입을 위한
핵심 꿀팁 80가지

박용제 · 배홍렬 지음

쉽게 알려드림

시그마북스
Sigma Books

복잡한 보험
쉽게 알려드림

발행일 2022년　1월 10일 초판 1쇄 발행
　　　　 2023년 10월 25일 초판 2쇄 발행
지은이 박용제, 배홍렬
발행인 강학경
발행처 시그마북스
마케팅 정제용
에디터 최연정, 최윤정, 양수진
디자인 김문배, 강경희

등록번호 제10-965호
주소 서울특별시 영등포구 양평로 22길 21 선유도코오롱디지털타워 A402호
전자우편 sigmabooks@spress.co.kr
홈페이지 http://www.sigmabooks.co.kr
전화 (02) 2062-5288~9
팩시밀리 (02) 323-4197
ISBN 979-11-91307-95-5 (03320)

인생에는 두 가지 위험이 있다. 하나는 너무 일찍 죽는 것이고,
또 하나는 너무 오래 사는 것이다. 이것은 우리네 삶의 명제이다.

-버트 팔로

보험,
제대로 알아야 한다

대한민국 보험시장은 민영 보험시장 수입보험료 기준으로 세계 7위 (2017년 기준, 전 세계3.61%, 한해보험료 327조 원) 수준이다. 또한 국내총생산 (GDP) 대비 수입보험료를 의미하는 보험침투도는 12.1%로 세계 5위다. TV를 틀면 홈쇼핑 혹은 텔레마케팅으로 보험가입을 심심찮게 권유받는다. 혹은 지인에게 소개받은 설계사로부터 보험가입을 권유받는다. 이렇게 민영보험에 가입한 국민은 이미 4천만 명이 훌쩍 넘고, 보험가입률은 80%가 넘어간다.

이렇게 가입률이 높은데 정작 가입한 보험에 대해서는 대부분 소비자들이 무지한 경우가 많다. 목적에 부합하지 않은 보험을 가입한 경우, 필요 이상으로 많은 보험료를 납입하는 경우, 보장내역을 잘못 이해하고 있는 경우 등 보험에 대한 잘못된 이해나 편견도 많다.

시중에 나와 있는 보험 관련 서적 중에도 객관적인 시각으로 쓴 좋은 책들이 많다. 하지만 때로는 안 좋은 면만 부추기거나 일부 편협한 시각을 강요하는 서적도 더러 있다. 이는 아마도 보험설계사에 실망한 사람들, 과도한 보험영업 때문에 기분이 안 좋았던 사람들, 보험회사에 안 좋은 기억이 있는 사람들이 만들어낸 현실이다. 이런 일들의 책임은 대부분 보험업계 종사자들의 몫이다. 하지만 전 국민 대다수가 가입하고 있는 보험에 대해 정확하게 알려주는 제대로 된 금융교육이 부족하기 때문일 수도 있다.

최근에는 유튜브나 블로그 등의 다양한 온라인 채널에서 보험과 관련된 자료를 쉽게 찾아볼 수 있을 것이다. 그러나 자세히 보면 말하는 사람의 입장과 처지에 따라 보험에 대한 평가가 정말 다르다. 이쪽에서는 A상품을 좋게 말하는데, 저쪽에서는 A상품을 나쁘게 말하는 식이다.

이 책은 이렇게 보험에 대한 오해가 클수록 더욱 정확하게 제대로 알려야겠다는 생각으로 출발했다. 필자들은 10년 이상 보험업계에 몸을 담고 있다. 보험회사 지점장과 설계사 교육뿐만 아니라 다양한 계층에게 금융교육을 해왔다. 그래서 내 가족 혹은 내 친구가 책을 보더라도 보험을 이해할 수 있도록, 최대한 쉽고 객관적인 시각으로 집필하려고 노력했다.

물론 각자의 경험과 처한 상황에 따라 필자들과 의견이 다를 수도 있다. 그래도 이 책을 읽고 나면 보험과 보장에 대한 균형 잡힌 시각이 생길 것이라 확신한다. 지금도 가속화되고 있는 고령화시대에 발맞춰 100세까지 유지 가능하면서도 자신에게 맞는 보장도 준비할 수 있는 '꿀팁'을 이 책에서 얻을 수 있을 것이다.

　길어진 집필 작업에도 함께 고생해준 배홍렬 선임 연구원과 시작부터 탈고까지 함께 힘을 주신 시그마북스 관계자분들께 깊은 감사를 드린다. 늘 응원해주는 하이인재원 동료 연구원들과 가족들에게도 깊은 존경과 감사를 드린다. 마지막으로 부족한 우리에게 지혜와 용기를 주신 하나님께 진심으로 큰 감사를 드린다.

박용제

차례

Chapter 6 생존보험 핵심 꿀팁

Chapter 7 생활보장보험 핵심 꿀팁

Chapter 8 노후보장보험 핵심 꿀팁

Chapter 9 살릴 보험, 버릴 보험 골라내기 꿀팁

Chapter 10 가입부터 보험금 청구까지 꼭 챙겨야 할 것

Chapter 1

보험, 매번 갈아타고
버리고 스트레스 받고

보험은 메타버스

요즘 핫트렌드 중 하나가 '메타버스'다. 가상세계를 뜻하는 메타(Meta)와 현실세계를 뜻하는 유니버스(Universe)의 합성어로, 코로나19로 비대면이 확산된 지금의 현실세계에서 더욱 부각되는 신조어다.

최근 IT기업에 입사한 신입사원은 가상현실인 메타버스 플랫폼에서 신입사원 연수를 수행하는 등 여러 가지 영역에서 가상과 현실의 경계를 허무는 개념으로 활용되고 있다. 필자는 보험은 메타버스와 같다는 생각을 해봤다. 아직 일어나지도 않은 만약(If)의 사건들을 대비하여 위험을 헤지(Hedge)하는 수단으로 쓰이고 있기 때문이다. 또한 가입 당시 가정한 만약이 현실이 되는 순간 가장 필요한 금융상품이 바로 보험이기 때문이다. 현직에서 은퇴하는 순간, 건강하던 내가 아프기 시작하는 순간, 불의의 사고를 당해 소득이 끊기는 순간, 이렇게 가상이 현실이 되는 순간 보험은 가장 필요한 상품이 된다.

실제로 가입 시 가정했던 만약의 일이 우리에게 일어나지 않는다면 보험은 필요 없게 된다. 하지만 보험을 준비했기 때문에 심적으로 느끼는 안정감 또한 무시할 수 없는 보험가입의 효과다.

우리가 사는 현실로 넘어오면 주변에는 정말 많은 보험이 있다. 수많은 보험 플래너들의 권유에 의해 잘 모르는 보험을 가입한 경우도 너무 많다. 보험이 어떤 금융상품보다 복잡한 것은 사실이다. 똑같은 보험상품도 어떤 사람이 설계하나에 따라 전혀 다른 상품이 되기 때문이다.

어떤 손해보험사의 주력 상품인 A상품을 예를 들어보겠다. 이 상품의 담보는 150가지가 넘고, 납입기간·보장기간도 고객이 선택하기 나름이고, 담보의 보장금액도 선택하기 나름이다. 여기에 납입면제(중대한 질병에 걸렸을 경우 보험료를 더 이상 내지 않는 특약) 조건을 넣을 것인가, 보험료를 절감하기 위한 무해지나 저해지 상품(보험료가 저렴한 대신 해지할 경우 해지환급이 적거나 아예 없는 상품)을 선택할 것인가에 따라 같은 상품도 설계한 사람에 따라 천차만별이 된다.

보험이란 상품은 꼭 필요하면서도, 때로는 우리에게 많은 스트레스를 주는 상품이기도 하다. 그렇다고 보험이 매·타·버·스, 매번 갈아타고 버리고 스트레스가 되면 안 된다. 100세 시대가 시작된 지금, 적어도 가입하면 최소한 30년 이상 효과를 발휘할 보험에 가입해야 한다. 그럼 지금부터는 어떻게 해야 30년 이상 갈 보험을 찾을 수 있는지 자세히 알아보자.

저금리·고령화 때문에
보험료가 올라간다

내가 현재 건강하고 향후 보험료가 오히려 내려간다면, 보험에 서둘러 가입할 이유는 없다. 그런데 지금 우리가 처한 환경은 급속도로 보험료가 인상될 수밖에 없는 상황이다. 앞으로 보험료는 3가지 이유로 올라가게 된다.

첫 번째는 가입연령이다. 나이가 많을수록 통계적으로 많은 질병에 노출될 수밖에 없기 때문에 보험료는 상승하게 된다.

두 번째는 금리이다. 보험사는 고객이 납입한 보험료를 모아서 안정적으로 자산운용을 하게 된다. 그런데 금리가 낮으면 보험사는 기대수익이 낮아질 수밖에 없다. 그러면 상대적으로 수익이 줄기 때문에 더 많은 보험료를 고객에게 걷어야만 한다.

세 번째는 손해율이다. 사람의 경우 나이가 많다는 것은 손해율이 높다는 것과 일맥상통한다. 반면에 사람이 대상이 아닌 자동차, 화재보험의 경우, 전년도의 손해율이 보험료 인상·인하의 핵심 이유가 된다. 예를 들어 이상기후로 태풍이 많이 발생했다면 각종 침수사고로 인한 자동차 손해율은 높아지게 된다. 반면에 코로나19로 인하여 사람들의 여행, 이동이 줄어들었다면 자동차 손해율은 감소하게 된다. 이렇듯 손해율은 보험료 인상의 가장 중요한 요소가 된다.

그렇다면 우리가 처한 현실은 어떠할까? 우리나라는 2026년이 되면 인구 중 65세 노인인구가 20%가 넘어가는 초고령사회가 된다고 한다. 5명 중 1명은 노인으로 구성된다는 말이다. 노인이 늘어난다는 것은 사람이 가입한 여러 가지 보험의 손해율이 높아지는 결정적인 이유가 된다. 국민 대다수가 가입한 실손의료비 보험료가 해마다 비싸지는 가장 큰 이유 중 하나가 고령화이다.

도표 1-1 **2020년 지역별 고령인구 비율**

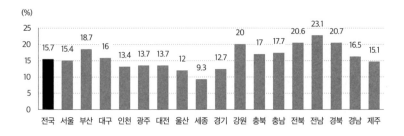

도표 1-2 한국은행 기준금리 추이

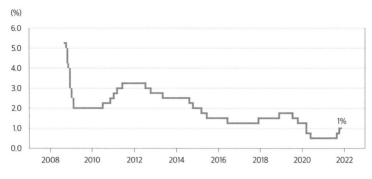

· 2021년 12월 기준

    또한 2000년 이후 우리나라의 기준금리는 해마다 낮아져서 2021년 12월 기준으로 한국은행 기준금리는 1%다. 지속적인 물가상승 압력으로 인한 금리인상 이슈가 종종 언론에서 보도되고 있지만, 지속적인 저금리는 전 세계적인 트렌드다. 이렇게 노인인구가 많아지고 금리가 지속적으로 낮아지는 우리나라는 앞으로도 보험료가 계속 올라갈 확률이 매우 높다고 할 수 있다.

    지금과 같은 고령화 및 저금리 트렌드에서는 보험가입을 뒤로 미뤄서는 안 된다. 앞으로 보험료는 계속 올라갈 확률이 높기 때문이다. 그렇다면 지속적인 보험료 인상을 상쇄하는 방법은 무엇일까? 사실, 답은 이미 정해져 있다. 보장을 줄이거나, 보험료 납입기간을 늘리거나, 비갱신형보다 갱신형 상품을 가입하거나, 보장받는 기간을 줄이는 것이다.

30년 후에도 내 보험이
제 몫을 하려면?

대부분 보험가입은 '지금'이 아니라 '훗날'을 위해 한다. 그렇다면 우리
는 30년 후에도 지금 가입한 보험이 제 몫을 할 수 있을까를 따져봐
야 한다. 좀 더 정확하게 말하자면 65세 이후에도 내가 가입한 보험이
제 몫을 할 수 있는지 알아봐야 한다. 통계적으로 보면 65세 이후 지
출하는 의료비가 생애 의료비의 절반에 가깝기 때문이다.

　2019년 건강보험심사평가원 「2019 건강보험통계연보」에 따르면 65
세 이상 노인 1인당 연평균 진료비는 490만 원이다. 이는 전체 1인당
연평균 진료비 168만 원의 약 3배에 달한다. 또한 노인의료비는 매년
7% 이상 급증하고 있는데, 이는 평균 물가상승률 2%보다 3배 이상
높은 수치다. 그래서 내가 가입한 보험은 지금도 중요하지만, 65세 이

도표 1-3 **65세 이상 노인진료비 현황**

(단위: 1천 명, 1천 원)

구분	2015년	2016년	2017년	2018년	2019년
전체 인구	50,490	50,763	50,941	51,072	51,391
65세 이상 인구	6,223	6,445	6,806	7,092	7,463
65세 이상 진료비	222,361	252,692	283,247	318,235	357,925
노인 1인당 연평균 진료비	3,620	3,983	4,255	4,568	4,910
전체 1인당 연평균 진료비	1,149	1,275	1,391	1,528	1,681

· 건강보험심사평가원, 「2019 건강보험통계연보」

후에도 보장을 받을 수 있는 상품이어야 한다. 그러기 위해서는 다음 2가지 조건을 고려해야 한다.

첫 번째, 65세 이전에 보험료 납입을 끝냈거나, 65세 이후에도 감당할 수 있는 보험료 수준이어야 한다.

두 번째, 65세 이후는 사망보장보다 생존보장(의료비보장)이 필요한 시기이므로 실손의료비를 기본으로 3대 진단금(암뇌심), 수술비와 일당,

간병보장이 충분한지 살펴봐야 한다.

누군가는 보험상품도 시대에 따라 급변하는데, 어떻게 30년 전에 들은 보험이 제 몫을 하겠느냐고 반문할 수도 있다. 충분히 일리가 있는 말이다. 그런데 이런 경우도 있다. 더 이상 보험에 가입할 수 없는 연령에 이르거나, 질병 및 상해의 경험이 있는 경우 말이다. 이런 사례에는 과거에 들어놓은 보험밖에 없을 것이다.

보험이란 상품은 정말 그렇다. 건강할 땐 필요하지 않고 낭비 같다가도, 막상 큰일이 생기게 되면 가입하고 싶어도 가입할 수 없는 상품이다. 그래서 30년 후에도 '나의 보험'이 제 몫을 하려면 '납입여력을 고려한 충분한 의료비보장'이 필요하다. 또한 우리는 앞일을 알 수 없기 때문에 자신의 형편에 맞는 최선의 상품을 골라 가입해야 한다. 사람 앞일은 정말 아무도 모른다. 오늘 가입한 보험이 나의 마지막 보험이 될 수도 있는 것이다.

내 보험, 내가 먼저
점검해야 한다

필자가 상담해본 4인 가족 보장보험료 평균은 30만 원에서 50만 원 사이가 대다수였다. 주택 다음으로 많은 돈이 다달이 들어가는 것이 보험일 것이다. 그런데 부동산은 발품을 팔아가며 찾아보면서, 보험은 당장에 불편하지 않다는 이유로 아는 사람 믿고 가입해서 그냥 방치하는 경우가 대부분이다.

　가입한 보험을 다시 점검하지 않는 이유가 기존에 설계사가 잘 관리해줘서 일 수도 있을 것이다. 하지만 대부분 이유는 점검을 받으면 해지하고 다시 가입하라는 권유가 많아서이기 때문이다. 실제로 내가 가입한 보험의 보장내역을 방송 프로그램이나 전문가에게 점검받게 되면, 대다수는 잘 가입했다고 말하는 것보다 잘못 가입했다고 말하는 사례가 다반사다. 이런 현상을 보면 마치 병을 알게 될까봐 건강검진을 받지 못하는 모습과 비슷하다.

너무 겁내지 말고 시작해야 한다. 물론 오진을 받게 되는 경우도 있을 것이다. 나한테 맞는 보험을 잘 가입했는데, 다른 설계사의 욕심으로 갈아타는 사례도 종종 있기 때문이다. 그러니 내 보험은 내가 먼저 점검해봐야 한다. 다른 사람의 의지로 점검하게 되면 객관성을 잃어버리는 경우가 종종 있기 때문이다. 이때 기준이 되는 핵심은 간단하다. '내가 가장 필요한 보장을 가장 저렴하게 가입하고 필요할 때까지 유지할 수 있게 하는 것'이다.

이 책을 통해 여러분들도 전문가까지는 아니라도 대략적인 옥석을 가려내는 식견을 가지게 될 것이라 확신한다. 또 나에게 보험을 제안하는 설계사나 FC가 나를 얕보지 못할 정도의 핵심 질문도 던질 수 있을 것이다. 그리고 무엇보다 '내 보험은 내가 점검한다'를 실행할 수 있는 힘을 기를 수 있을 것이다.

Chapter 2

지금 나에게는
어떤 보험이 필요할까?

보험보다
보장이 먼저다

대부분 사람들은 어떤 보험을 가입했는가를 중요시한다. 그러나 보험의 이름과 보장의 내역이 꼭 일치한다고 할 수 없다. 일치하지 않은 경우도 많을뿐더러 똑같은 보험상품도 어떤 담보를 선택했느냐에 따라 전혀 다른 보장이 되기도 한다. 보험보다 나의 보장이 어떤가를 먼저 점검해봐야 한다. 보장을 몇 가지로 나눠보면 다음과 같다.

① 사망보장: 생계를 책임지는 가장의 사망 시 필요한 보장이다. 단일보장으로 가장 큰 금액이 필요하다. 생명보험에는 일반사망과 재해사망 담보가 있고, 손해보험에는 질병사망과 상해사망 담보가 있다.

② 실손의료비보장: 실제로 내가 지출한 병원비를 지급해주는 상품이다. 가입 시

도표 2-1 **보험나무와 보장의 숲**

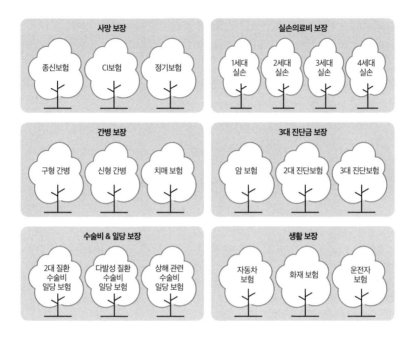

기별로 보장내역, 보장금액, 자기부담금, 갱신기간이 다르므로 가입한 시기를 살펴보는 것이 중요하다

③ **3대 진단금보장**: 암뇌심으로 불리는 질병에 대한 진단금을 보장하는 담보이다. 대다수가 최초1회한 보장이며 사망보장 다음으로 큰 금액을 보장한다.

④ **수술비보장**: 암뇌심을 포함해서 여러 가지 질병이나 상해로 수술시 수술비를 지급하는 담보이다. 진단금과 달리 횟수제한 없이 반복지급이 가능하다.

⑤ **입원일당보장**: 암뇌심을 포함해서 여러 가지 질병이나 상해로 입원시 입원

일당을 지급하는 담보이다. 진단금과 달리 횟수제한은 없으나 기간제한이 있다. 2016년 이후에는 수술입원일당, 종합병원입원일당 등으로 세분화되었다.

⑥ 간병보장: 뇌혈관질환 후유증, 교통사고 후유증, 치매 등으로 인하여 간병상태가 되었을 때 진단금 및 간병인일당을 지급하는 상품이다.

⑦ 생활보장: 자동차사고 시 형사합의금 및 벌금 등을 지원해주는 운전자보장, 각종 상해사고를 보장하는 상해보장, 화재위험에 대비하여 나의 재산을 지켜주는 화재보장, 법적으로 가입이 의무화된 자동차배상책임보장 등이 있다.

이렇듯 내가 가입한 보험의 보장을 앞의 분류처럼 나눴다면 절반은 성공한 것이다. 그다음에는 보험상품이 갱신형인지 비갱신형인지 따져보고, 해당 보험을 은퇴 이후에도 유지할 수 있을지를 살펴봐야 한다.

내가 가입한 보험을 따져보는 것이 나무를 보는 것이라면, 보장을 따져보는 것은 숲을 보는 것이다. 높은 산에 올라가야 숲 전체가 보이는 것처럼, 내 보험도 좀 더 큰 관점에서 봐야 한다. 그래야 비어 있는 부분을 찾아서 내 형편에 맞게 보험이란 나무를 심을 수 있기 때문이다.

사망보장, 누구나
필요한 건 아니다

사망보장은 종신보험으로 가장 많이 판매되는 보장이다. 가장 비싸기도 하고 오랫동안 보험료를 납입하고 유지해야 하는 상품이다. 그런데 사망보장에 너무 많은 비용을 지불하고 있어 다른 보장이 부족한 경우가 아직도 많다.

그런데 사망보장은 누구에게나 필요한 보장일까? 아니다! 사망보장은 남자든 여자든 생계를 책임지는 가장에게 필요한 담보이며, 가입이 필요한 연령 또한 정해져 있다. '첫아이가 출생해서 막내가 결혼할때까지'가 보통 30~35년 정도인데, 이러한 '가장이 생계를 책임지는 기간 동안' 필요한 보장이다. 엄격히 말하자면 상속세 재원을 마련하기 위한 부자들의 경우를 제외하고, **평범한 중산층의 사망보장은 65세까**

지면 충분하다. 65세 이후에 가장인 내가 사망을 한다고 해도, 우리 가족의 생계는 큰 문제가 없을 것이기 때문이다.

오히려 65세 이후 지속적으로 의료비가 나가는 질병이 생겼다면, 그것이 남아 있는 가족에게 더 큰 문제가 될 것이다. 종신보험으로 대표되는 사망보장은 '가족사랑' 개념으로부터 시작되었다. 내가 죽어도 남은 가족들이 나로 인해 경제적인 위험을 최소화하고, 가장 없이 살아갈 수 있는 최소한의 기반을 만들기 위해서다.

그런데 거꾸로 생각해보자. 아이들이 성장하고 이제는 각자 돈벌이를 하고 있다. 내가 아이들에게 짐이 되지 않는 방법은 무엇이 있을까? 바로 스스로 생활비와 의료비를 해결할 수 있는 능력이 될 것이다.

반면에 후유장해는 누구나 필요한 보장이다. 80% 이상의 고도후유장해의 경우, 사망보험금에 준하는 보험금이 나온다. 이 보험금은 남은 가족을 위해 쓰이는 게 아니라, 거의 대부분 나의 생명유지를 위해 쓰이기 때문이다.

만약 미혼의 남성이 보험을 가입한다면, 사망보장보다는 의료비보장에 중점을 두고 가입하는 것이 현명한 선택이 된다. 사망보장은 가정을 꾸리고 난 다음 배우자와 상의해 내가 필요한 보장을 가입하면 된다. 사망보장은 종신보험이 아닌 기간을 한정하는 정기보험으로 가입하면, 보험료가 1/5 수준으로 줄어들게 된다.

이렇듯 사망보장은 중요한 보장이지만, 나에게 꼭 필요한 보장인지 어떤 보험으로 가입할지 잘 선택해야 한다. 실제 사례를 보면 종신보험인데 연금보험이나 진단금보험으로 잘못 알고 가입한 사례가 정말 많다. 지금 가입하고 있는 보험이 어떤 보장을 갖고 있는지 알고 싶으면, 보험에서 어떤 보장이 가장 많은 보험료를 차지하는지 찾아보면 된다.

예를 들어 암 진단금 3천만 원 때문에 가입한 보험에서 암진단으로 2만 원이 지불되고 주계약(일반사망) 담보로는 15만 원이 지급되고 있다면, 이것은 암보장이 아니라 사망보장이 되는 것이다. 그래서 보험의 이름보다는, 가입한 보장 담보에 얼마가 쓰이는지 보는 것이 내 보험의 실체를 파악하는 지름길이다.

의료비보장,
누구나 필요하다

나이가 들수록 질병이 늘어나고 병원에 갈 확률이 높아진다는 것은 누구나 다 아는 상식이다. 또 나이가 어리다고 질병이나 상해에 노출되지 않는 것도 아니다. 그래서 의료비보장은 누구나 필요한 보장이다. 이런 의료비보장의 대명사는 5천만 국민의 75%가 가입한 '실손의료비' 보장이다. 나이가 많지 않다면 한 달에 1~2만 원의 보험료를 부담하면 된다. 그렇게 하면 입원은 연간 5천만 원, 통원은 회당 30만 원 또는 20만 원의 보장을 받을 수 있다.

그런데 실손의료비는 실제 지출한 의료비만을 보장하지, 그 이상은 보장하지 않는다. 암이나 뇌졸중, 급성심근경색 등의 위중한 질병이 발생하면, 그로 인하여 생계를 유지하기 어려운 경우가 대부분이다. 이때 추가로 보장받을 수 있는 것이 3대 진단금(암, 뇌혈관, 심혈관)보장이다.

이러한 중대한 질병은 대부분 수술을 동반한다. 수술은 1회로 끝나기도 하지만, 재발로 인해 여러 번 이어지기도 한다. 이럴 때 필요한 것이 수술비보장이다. 또한 수술을 하게 되면 대다수가 병원에 입원하게 되는데, 이럴 때 필요한 보장이 입원비보장이다. 수술이 잘되어 완쾌되었다면 다행이다. 하지만 병세가 나아지지 않아 중증으로 치닫는 경우, 간병인이 돌봐줘야 한다. 이런 경우 필요한 것이 간병비보장이다.

이렇게 **진단→수술→입원→간병, 각 단계별로 의료비보장이 적절한지 따져봐야 한다.** 또한 태어나서부터 죽기 전까지 어떤 질병에 걸려도 안심할 수 있는 의료비보장이 필요하다. 우선순위를 매기자면 '실손의료비 > 3대 진단금 > 수술비보장' 순이 될 것이다.

한 가지 유의할 것은 이런 의료비보장은 통계적으로 나이가 들수록 보험료가 급증한다는 것이다. 젊었을 때 가입해서 보험료를 미리 내는 방식(비갱신형 보험)과 정해진 기간마다 높아진 보험료를 내는 방식(갱신형 보험)을 적절히 섞어서 가입하는 전략도 필요하다.

337에 해당하는 당신,
어떤 보험이 필요할까?

모든 질환에는 그 원인이 되는 기저질환이 있다. 대표적인 질환으로는 고혈압, 고지혈, 당뇨 등이 있다. 또한 이런 기저질환을 불러오는 생활습관으로는 비만, 흡연, 음주가 가장 큰 원인이 된다. 통계에 따르면 대한민국 성인남녀 30%가 비만에 해당하고, 30%가 흡연을 하며, 70%가 음주를 하는 것으로 밝혀졌다. 이러한 통계의 앞의 숫자만 따서 '337'이라고 명명했다.

만약 내가 비만을 가지고 있으면서 흡연과 음주를 동시에 하고 있다면, 어떤 질병에 가장 크게 노출이 될까? 정답은 심뇌혈관질환이다. '337'에 해당하는 습관을 가지고 있다면 정상인보다 심뇌혈관질환이 발생할 확률이 최소 2~3배 이상 높아진다는 연구결과가 있다. 또한 이런 습관은 암 발생 확률도 높인다. 당장 이런 생활 습관을 고치지 못한다면 시간이 지날수록 발병확률은 높아진다는 것이다.

그런데 비만, 흡연, 음주는 나쁘다는 것을 알아도 쉽게 고칠 수 있는 생활 습관이 아니다. 이럴수록 보험을 최대한 빨리 제대로 가입해야 한다. 확률상 질병에 걸릴 위험이 크기 때문이다. 아직까지 대한민국의 보험사들은 비만이라는 이유로, 흡연자라는 이유로, 음주를 한다는 이유로 보험료를 올려 받거나 보험가입을 거절하지 않는다.

하지만 머지않은 미래에서는 본래의 나이에 신체 건강나이를 감안할 것이다. 건강상태가 좋은 사람들은 저렴한 보험료로, 건강이 좋지 못한 사람들에게는 더 많은 보험료를 요구할 가능성이 높다. 실제로 현재 나와 있는 H 보험사의 A 유병자보험 상품이 그러한 사례다. 가입할 때는 유병자였지만, 시간이 지나 갱신시점에서 건강이 좋아졌다면 보험료를 표준체(정상인)처럼 할인해주는 보험상품이다. 그러니 만약 337에 해당한다면 주저 말고 보험부터 제대로 가입하자. 그런 다음에 생활 습관을 건강하게 바꿔나가는 것이 가장 좋은 방법이다.

가족력이 있다면, 어떤 보험이 필요할까?

가족력이란 3대에 걸친 직계가족 혹은 사촌 이내에서 같은 질병을 앓은 환자가 2명 이상인 경우를 말한다. 쉽게 말해 유전자 및 생활 환경이 비슷한 가족에게서 자주 발견되는 질병을 말한다. 대표적인 가족력 질병으로 암, 심뇌혈관질환, 알츠하이머 치매, 당뇨병, 고혈압, 아토피피부염, 조울증을 꼽을 수 있다.

가족력은 해당 질환의 발병 확률을 얼마나 높일까? 암은 부모가 걸린 경우, 자녀가 해당 암에 걸릴 확률이 2~3배다. 형제자매가 암에 걸렸을 때도 해당 암에 걸릴 확률은 2~3배다. 부모와 형제자매가 모두 같은 암이 있을 경우에는 무려 3배에서 12배까지 암에 걸릴 확률이 높아진다는 연구결과가 있다.

심뇌혈관질환은 부모가 뇌혈관 및 심혈관질환의 걸렸을 경우, 자녀는 그렇지 않은 사람보다 1.5배 높은 발병률을 보인다고 한다. 알츠하이머 치매는 '아포지단백 4형'이라는 유전자의 영향을 받는다. 이 유전자형을 부모에게 1개 물려받았다면 2.7배, 2개 물려받았다면 17.4배나 치매가 발생할 확률이 높다.

부모가 당뇨병을 앓았다면 자녀가 당뇨병을 앓을 확률은 30~40% 이상 높아진다. 부모 모두 고혈압이 있는 경우는 자녀는 30% 확률로 고혈압이 있고, 형제자매가 고혈압이 있는 경우는 60% 확률로 고혈압이 있는 것으로 나타났다. 아토피피부염은 부모 한 명이 아토피가 있을 경우 자녀는 30~40% 확률로 발병하고, 부모 모두 아토피피부염이 있을 경우는 80% 확률로 자녀에게 아토피피부염이 생긴다.

정신질환인 조울증은 부모 한 명이 조울증이면 25% 확률로 자녀가 조울증이 생기고, 부모 둘 다 조울증일 경우는 50%, 형제가 조울증이 있는 경우 17%, 일란성 쌍둥이의 경우 50~90%까지 발병한다고 알려져 있다.

혹시 이러한 종류의 가족력이 있다면, 당신은 보험이 정말 필요할 확률이 높은 사람이다. 다행히 아직까지는 가족력을 이유로 보험을 거절하거나 보험료를 할증하지는 않는다. 그러나 머지않아 가족력으로 인해 보험료를 올리거나 해당 질환의 가입이 거절될 수도 있다. 그만큼 건강검진 시스템 및 의료데이터베이스가 잘 구축되고 있기 때문이다.

2021년 기준으로 현재 나와 있는 보험상품은 앞에서 언급한 대표적인 7가지 가족력 질병에 대한 보장이 가능하다. 암보험, 심뇌혈관질환보험, 치매보험을 기본으로 당뇨, 고혈압, 아토피피부염, 심지어 조울증까지 보장받을 수 있는 담보가 생기고 있다. 가족력이란 부분은 내가 관리하기가 어려운 유전이나 생활 환경과 밀접한 관련이 있다. 가족 중 2명 이상이 동일한 질병으로 고생하는 가족력이 있다면, 보험가입은 최대한 빠를수록 좋다.

아팠던 경험이 있는데,
보험가입이 가능할까?

불과 10년 전만 해도 기존에 질병이나 외상 이력(기왕력)이 있는 사람들은 보험을 가입하기가 어려웠다. 그러다가 2015년부터 유병자보험 시장이 급속도로 확대되고 있어, 이제는 아팠던 경험이 있는 사람들도 보험가입이 충분히 가능하다. 다만 보험료가 할증이 되고 가입할 수 있는 담보의 보장금액이 표준체(건강한 사람)보다 다소 적을 뿐이다.

현재 판매되는 유병자보험의 기본 가입조건을 보면 3개월 이내 수술/입원/재검사에 대한 의사소견이 없고, 2년 이내 입원/수술한 적이 없고, 5년 이내 암으로 진단/입원/수술한 이력만 없다면 가능하다. 최근에는 3개월 이내 수술/입원/재검사에 대한 의사소견이 없고, 1년 이내에 입원/수술한 이력만 없으면 가입이 가능한 유병자상품도 등장했다.

물론 유병자보험도 가입조건이 까다로우면 보험료가 저렴하고, 가입
조건이 다소 완화되면 보험료가 비싼 게 현실이다. 다음에 나오는 〈도
표 2-2〉는 유병자보험 가입조건을 정리한 것이다. 보험마다 해당 이력
이 없으면 가입이 가능하다. 또한 도표에서 아래쪽으로 내려갈수록 보
험료가 비싸지는데, 335보험이 가장 저렴하고 31보험이 가장 비싸다.

도표 2-2 **유병자보험 가입조건**

상품 구분	가입조건	
335보험	· 3개월 이내: 수술/입원/추가검사의사소견 · 3년 이내: 수술/입원 · 5년 이내: 암, 협심증, 심근경색, 뇌졸중, 에이즈, 백혈병, 심장판막증, 간경화증(8대질병) 진단/수술/입원	저렴
333보험	· 3개월 이내: 수술/입원/추가검사의사소견 · 3년 이내: 수술/입원 · 3년 이내: 암,협심증,심근경색, 뇌졸중, 심장판막증, 간경화증(6대질병) 진단/수술/입원	
325보험	· 3개월 이내: 수술/입원/추가검사의사소견 · 2년 이내: 수술/입원 · 5년 이내: 암 진단/수술/입원	
31보험	· 3개월 이내: 수술/입원/추가검사의사소견 · 1년 이내: 수술/입원	비쌈

· 해당 이력이 없으면 보험상품 가입이 가능하며, 도표에서 아래쪽으로 내려갈수록 보험료가 비싸진다(인수조건 완화).

만약 1년에서 2년 사이에 수술/입원한 이력이 있어서 지금은 31보험밖에 가입이 안 된다면, 일단 31보험을 가입하자. 그리고 2년이 지나서 좀 더 저렴하고 보장도 좋은 325보험으로 다시 가입하는 것도 좋은 방법이 된다. 암뇌심 질환 같은 3대 질환을 앓았던 사람들에게, 유병자도 보험에 가입할 수 있다는 얘기를 하면 나도 가입할 수 있냐고 되묻는 경우가 많다. 〈도표 2-2〉에 나온 이력이 없으면, 충분히 가입이 가능하다.

다만 건강할 때 가입하는 것이 가장 저렴하게 좋은 보장을 챙기는 방법임을 잊지 말아야 한다. 또한 유병자보험 가입조건은 보험회사에서 보험을 가입할 수 있는 조건이지, 보상의 조건은 아니란 것을 명심해야 한다. 예를 들어 위암 환자가 5년이 지나 325보험에 가입했을지라도, 동일한 위암이 재발하거나 위암이 다른 부위에 전이된 경우에는 가입 전 질병으로 보고 진단금은 보상하지 않는 사례가 대다수다. 원칙적으로 보험은 보험가입 전 상해사고나 질병에 대해서는 보상하지 않는다는 점을 기억해야 한다.

연령별로 꼭 필요한
필수 보장 체크리스트

자신에게 맞는 보험을 선택할 때는 보장 외에도 여러 가지 요소들을 감안해야 한다. 지불할 수 있는 보험료의 크기, 가족력 혹은 두려워하는 질병, 직업, 결혼의 유무, 수입이 규칙적인가 불규칙적인가, 갱신형과 비갱신형 보험의 선호도 차이, 그리고 가입자의 연령, 성별 등이 있다. 그중에서 연령별로 필수 보장을 정리하면 〈도표 2-3〉과 같다.

먼저 전 연령 기본으로 갖춰야 할 보장에는 실손의료비와 일상배상책임 보장이 있다. 10대는 후유장해, 암, 수술·입원비, 어린이(태아)보장을 갖추면 된다. 20대는 후유장해, 암, 수술·입원비, 자동차 및 화재배상, 상해 및 운전자 보장을 갖추면 된다. 30~40대는 사망·후유장해, 암뇌심, 수술·입원비, 자동차 및 화재배상, 상해 및 운전자보장이 필요

도표 2-3 연령별로 필요한 보장목록

연령	기본 보장	필수 보장					
10대 미만	실손 의료비 & 일상 배상책임	후유장해	암	수술비 & 입원비	어린이(태아)보장		
20대					자동차 및 화재 배상책임	상해 및 운전자보장	
30대		사망 & 후유장해	암뇌심				
40대							
50대							간병보장 (치매포함)
60대 이상		후유장해					

하다. 50대는 사망·후유장해, 암뇌심, 수술·입원비, 자동차 및 화재배상, 상해 및 운전자보장, 간병보장을 챙겨야 한다. 60대 이상은 휴유장해, 암뇌심, 수술·입원비, 자동차 및 화재배상, 상해 및 운전자보장, 간병보장을 체크하자.

복잡해 보이지만 사실 간단하다. 자기 연령대에서 어떤 보장이 필요한지를 먼저 파악하고 따져보자. 그러면 어떤 보험을 가입해야 할지에 대한 우선순위가 쉽게 정리된다.

Chapter 3

나에게 맞는 보장 ·
설계사 · 보험사 찾기 꿀팁

보험상품, 보험설계사, 보험사, 당신의 선택은?

보험이 아닌 대다수 상품은 브랜드나 상품을 보고 구매하는 것이 보통이다. 그런데 보험은 아직도 브랜드나 상품으로 보는 것이 아니라, 사람을 보고 선택하는 경우가 대다수다. 물론 인터넷이나 홈쇼핑으로 가입하는 보험은 오롯이 브랜드나 상품을 보고 가입하기도 하지만, 대다수 소비자들은 복잡한 보험상품을 따져가며 비교할 능력이 없다. 보험은 눈으로 보이지 않는 무형의 상품이기 때문이다.

그래서 나에게 보험을 권유하는 설계사나 FC가 믿음직스러울 때, 비로소 보험상품을 구매할 생각을 하게 된다. 고객이 선택하는 상품은 결국 설계사나 FC가 권유하는 상품이고, 브랜드는 그 설계사가 권하거나 근무하는 회사가 된다.

이런 이유로 보험상품은 생각보다 판매자 주관이 많이 들어가는 상품이 된다. 판매자의 판단이나 권유가 올바른 경우는 문제가 없다. 하지만 판매자가 경험이 부족하거나 상품에 대한 지식이 부족하다면, 민원으로 이어질 확률이 높을 수밖에 없다.

더군다나 보통 보험은 가입하면 10~20년을 납부하고, 보장기간은 이보다 더 길다. 이런 장기상품을 가입하는데 소비자는 잘 모르고 가입을 한다. 그러다가 나중에 10년 이상의 시간이 지난 후 드디어 보험 혜택을 받을 때가 되면, 보험을 권유했던 판매자는 더 이상 해당 보험사에 근무하지 않거나 은퇴했을 가능성이 높다. 또 믿었던 보험이 천덕꾸러기가 될 수도 있다.

이제는 소비자가 판매자뿐만 아니라 보험상품도 선택해야 한다. 판매자와 소비자 사이에는 정보의 비대칭이 늘 존재한다. 우리, 혹은 보험가입자들은 이제 이런 정보의 비대칭을 줄이는 안목을 키워야 한다. 내 보험은 내 스스로 선택해야 한다.

나에게 맞는 보험사는
어떻게 찾나?

먼저 내게 맞는 보험사를 찾는 방법부터 알아보자. 2021년 기준으로 보험사만 해도 생명보험사, 손해보험사 합쳐서 50개가 넘어간다. 여기에 여러 가지 상품을 한꺼번에 판매하는 GA대리점(General Agency, 보험판매법인)까지 포함하면 수백 개가 넘는다. 자체적으로 보험상품을 만드는 회사를 '원수사'라고 하는데, 이런 원수사의 선택기준은 크게 3가지로 볼 수 있다.

첫 번째, 지급여력비율이 높은 규모 있는 회사를 선택해야 한다.

지급여력비율(RBC)이란 보험계약자가 일시에 보험금을 요청했을 때, 보험사가 보험금을 제때 지급할 수 있는 능력을 수치화한 것이다. 요구자본에서 가용자본이 차지하는 비중으로 보험회사의 자본건전성을 측정하는 대표적인 지표다. 이 비율이 높다는 것은 보험회사의 자본 건전성이 높다는 이야기고, 회사가 보험금지불을 충분히 이행할 수 있는 능력을 객관화한 지표라고 생각하면 된다.

2021년 기준으로 금융감독원에서 회사별로 지급여력비율을 150% 이상 유지할 것을 권고하고 있다. 만약 지급여력비율이 100% 이하로 낮아지면, 자본증액 등의 시정요구를 받게 된다. 2021년 11월 현재 모든 보험사가 150% 이상의 지급여력비율을 유지하고 있다.

두 번째, 불완전판매 비율이 낮은 회사를 선택해야 한다.

불완전판매란 보험을 제대로 판매하지 않아 문제가 생기는 것을 뜻한다. 기본적인 '3대 기본지키기'를 하지 않아 발생한다. 3대 기본지키기는 다음과 같다.

① 청약서, 고지사항, 상품설명서, 신용정보활용동의서에 계약자, 피보험자가 직접 서명, 날인해야 한다.

② 보험회사와 모집종사자(설계사, 중개사, 대리점)는 계약자가 작성한 청약서 사본(부본)을 계약자에게 제공해야 한다(단, 계약자가 동의하면 청약서 부본을 CD 같은 광기록매체나 전자우편 등으로 교부 가능).

③ 보험계약 체결 시 계약자에게 약관을 전달하고, 중요한 내용은 설명을 해야 한다(약관도 계약자 동의시 CD 같은 광기록매체나 전자우편 등으로 교부 가능).

도표 3-1 금융감독원 파인 홈페이지

불완전판매가 높다는 것은 계약을 할 때 기본을 지키지 않는 계약이 많다는 반증이며, 이렇게 불완전판매가 높다는 것은 설계사나 FC, 그리고 해당 보험사에 문제가 많다고 생각하면 틀림없다. 실제로 GA 대리점이나 TM(텔레마케팅)판매의 불완전판매가 원수사보다 높게 나타나고 있다.

세 번째, 보험금 부지급률이 낮은 회사를 선택해야 한다.

가입할 때는 다 해줄 것 같이 얘기하더니 보험금 청구를 하면 이것저것 따지면서 보험금을 주지 않는다면, 그 보험사는 문제가 많은 것

도표 3-2 **보험회사 지표 체크리스트**

확인사항	상세내용	확인하는 곳
지급여력비율	· 보험금 지급여력이 충분한지 확인 · 일반적으로 지급여력비율이 높다는 것은 보험회사의 재무상태 건전하다는 뜻 · 보험회사는 지급여력비율을 100% 이상으로 유지해야 함	파인→ 금융회사 → 금융회사 핵심경영지표
불완전판매 비율	· 보험회사가 상품을 제대로 판매하는지 확인 · 일반적으로 불완전판매 비율이 높다는 것은 소비자에게 제대로 판매하지 않았을 가능성이 높은 것	① 생명보험: 생명보험협회 → 소비자통합정보공시 → 항목별 소비자정보통합공시 → 불완전판매 비율 등 비교공시 ② 손해보험: 손해보험협회 → 소비자정보 통합공시 → 판매
보험금 부지급률	· 보험금을 제대로 지급하고 있는 회사인지 확인 · 일반적으로 보험금 부지급률이 높다는 것은 보험금 제대로 지급하지 않았을 가능성이 높은 것	① 생명보험: 생명보험협회 → 소비자통합정보공시 → 항목별 소비자정보통합공시 → 민원건수 ② 손해보험: 손해보험협회 → 소비자정보 통합공시 → 항목별 공시정보 → 보험금 부지급률 및 불만족도
소송공시	· 회사가 소송을 남용하는지 확인 · 보험금 청구 · 지급 관련 소송제기 횟수, 결과 등을 보험회사별로 찾아볼 수 있음	① 생명보험: 생명보험협회 → 소비자통합정보공시 → 항목별 소비자정보통합공시 → 보험금 지급관련 비교공시 ② 손해보험: 손해보험협회 → 소비자정보 통합공시 → 항목별 공시정보 → 소송제기현황

이다. 보험금 부지급률은 보험금 청구건수 중에서 보험금이 부지급된 걸 나타내는 비율이다. 보험금 부지급률이 높은 회사는 가입 시에 약관과 다른 애매한 설명으로 소비자를 혹하게 한다. 또한 보험금을 청구하면 이런저런 사유로 보험금을 주지 않는 회사일 가능성이 높다.

네 번째, 보험사가 소비자를 대상으로 소송을 남발하는지 확인해야 한다.

보험금을 제대로 지급받지 못한 소비자는 민원을 넣게 되고, 이 민원에서도 해결이 되지 않으면 소송을 하게 된다. 각 보험사는 이런 소송을 담당하는 전담부서들이 있는데, 소비자와의 분쟁건수가 높다고 하면 아무래도 문제가 많은 회사일 가능성이 높다.

이런 공시들은 '생명보험협회 공시실'과 '손해보험협회 공시실'에서 확인이 가능하다. 또한 금융감독원에서 운영하는 사이트인 파인(https://fine.fss.or.kr)에 들어가면 모든 정보를 볼 수 있다.

14

요즘 핫한
보장 담보는?

요즘 핫한 착한 보장 담보에는 3가지 조건이 있다. 가격이 저렴하고, 보장받을 확률이 높으며, 보장금액이 충분히 커야 한다. 최근 이런 대표적인 담보로는 수술비 담보가 있고, 암보험에서는 유사암 담보(갑상선암, 기타피부암, 경계성종양, 제자리암 등)가 있다. 그리고 현물급부 담보(보험금 또는 서비스를 제공하는 담보)가 많이 출시되고 있는데, 특정 질병(대부분 암뇌심이나 간병상태)에 걸릴 경우 가사도우미 혹은 간병인을 지원해주는 담보다. 이런 현물급부 담보는 향후 물가가 올라갈 경우 더욱 빛을 발할 수 있는 보장이기도 하다.

우리가 상해나 질병에 노출될 경우 '진단→입원→수술→간병→사망' 순서를 거친다. 보통 경증인 경우 진단만 받고 통원치료로 해결되기도 한다. 하지만 심한 경우 진단 이후 입원하여 수술을 하고 치료를 받다가 상태가 호전이 되지 않으면, 간병상태(스스로 일상생활이 불가능하고 6개월 이상 장기요양이 필요한 상태)에 빠졌다가 심각한 경우에 사망에 이른다.

기존의 보험이 처음과 끝 단계인 진단과 사망에 치중해 있다면, 지금 당장 집중해서 챙겨야 할 핫한 보장 담보는 '입원·수술·간병'이다. 이 중에서 특히 수술비 담보를 봐야 한다. 가장 걱정되는 3대 질환(암 뇌심)뿐만 아니라 백내장, 관절수술, 대장용종제거 같은 경증수술까지 폭넓게 보장한다. 무엇보다 진단금은 대부분 최초1회한 보장하는 반면에, 대부분 수술비는 반복보장이 가능하다. 대표적인 수술비 담보로는 '1-5종수술, ○○○대 수술, 심뇌혈관수술, 5대 기관수술, 질병 및 상해수술'이 있다. 수술비 담보를 잘 조합하면 웬만한 진단금 부럽지 않은 충분한 보장을 만들 수 있다.

착한 설계사,
4가지를 점검하라

요즘은 홈쇼핑, 인터넷, 텔레마케팅을 통해 보험을 가입하기도 하지만, 대부분 가입자들은 설계사를 통해 상품을 권유받고 가입한다. 그래서 보험은 상품을 선택하기 전에 판매자(설계사)를 선택하는 금융상품이다. 왜냐하면 어떤 상품보다 사후관리가 중요한 상품이 바로 보험이기 때문이다.

대다수 가입자들은 보험에 대해 좋지 않은 경험을 갖고 있다. 보통 보험상품보다 설계사에 대한 불만에서 비롯되는 경우가 많다. 설계사가 가입 시에 상품을 잘못 설명하거나, 보험가입 후에 고객관리를 등한시하거나, 얼마 못 가서 그만두기 때문이다. 그렇다면 이런 상황에서 어떻게 해야 나에게 맞는 착한 설계사를 찾을 수 있을까? 많은 방법이 있지만, 다음 4가지를 점검해보자.

첫 번째, 보험협회에서 인정한 보험전문가를 찾아야 한다.

손해보험협회 및 생명보험협회에서는 '우수인증설계사 제도'를 운영하고 있다. 각 보험사마다 고객관리를 잘하고, 민원이 적고, 경험이 풍부한 설계사를 '우수설계사'로 인증해주는 제도다. 우수설계사는 각 협회홈페이지에서도 검색이 가능하고, 설계사 명함에서도 확인할 수 있다. 특히 손해보험협회는 전체 설계사의 0.1%에 해당하는 우수설계사에게 매년 블루리본을 수여한다. 혹시 담당 설계사가 블루리본 수여자라면, 고객관리를 잘하는 설계사 중에서도 최고라고 생각해도 무방하다.

두 번째, 금융협회에서 인정한 재무설계 전문가를 찾아야 한다.

재무설계라는 말을 한번쯤은 들어봤을 것이다. 재무설계란 단순한 재테크나 보장설계의 개념을 뛰어넘어 인생 전반에 걸친 재무적인 계획을 수립하는 것을 말한다. 이는 보험뿐만 아니라 투자, 세금, 부동산, 은퇴 등 다양한 분야에 대한 포괄적인 인생설계를 뜻한다. 20대 젊은 시절에 준비해야 하는 것과 60대 은퇴시기에 준비해야 하는 재무적인 사항은 확연히 다르기 때문이다.

따라서 고객의 연령별로 재무적인 상황을 분석할 수 있는 다양한 전문 지식이 있어야, 지금 가입자에게 필요한 보험과 미래를 위해 준비해야 할 보험을 구분할 수 있다. 고객의 재무상태에 알맞은 조언뿐

만 아니라 효율적인 자산관리까지 도와줄 수 있는 것이다.

이를 위한 대표적인 자격은 한국FP협회에서 시험뿐 아니라 경력을 고려해 인증하는 한국공인재무설계사(AFPK)와 상위 자격인 국제공인 재무설계사(CFP)가 있다. 이러한 자격의 유무는 한국FP협회 홈페이지에 가면 쉽게 검색이 가능하다. 또한 보험연수원에서 시험을 통해 인증하는 보험심사역(AIU) 자격도 있다. 만약 설계사가 개인보험심사역(APIU) 자격증이 있다면, 보험 전반에 대해 전문적으로 공부한 설계사라고 봐도 무방하다. 이외에도 손해사정사 자격증 중 신체손해사정사에 대한 자격이 있다면, 향후 보상 관련 문제 발생시 아주 큰 도움이 되는 전문가라고 할 수 있다.

세 번째, 보험설계사의 신뢰도를 확인해야 한다.

주변에서 평판이 좋고 많은 자격을 갖췄을지라도, 나와의 약속을 잘 지키지 않는 설계사는 계약 이후에 계약자를 실망시킬 가능성이 아주 높다. 그렇다면 설계사의 신뢰도를 어떻게 측정할 수 있을까? 보통 보험계약 전에 최소 2번 정도 설계사를 만나게 된다. 첫 번째는 보험계약

전반에 대해 알아보기 위해서 만나고, 두 번째는 가입설계서와 청약서 등의 서류를 통해 나에게 맞는 보험을 선택하기 위해 만난다.

2번의 만남에서 설계사의 신뢰도를 측정할 수 있는 방법은 다음과 같다. 보험계약을 체결할 때 설계사는 반드시 '자필서명, 청약서 부본 전달, 약관의 주요내용 설명'의 3대 기본지키기를 이행해야 한다. 이를 이행하지 않을 경우 3개월 이내에 계약자는 불이익 없이 계약취소를 요청할 수 있다. 따라서 계약 시에 번거롭다는 이유로 자필서명을 설계사가 대신한다거나, 남편이나 아내의 서명을 대신하도록 종용하거나, 약관의 중요 내용에 대해서 제대로 설명하지 않는다면, 해당 설계사는 신뢰도가 낮다고 생각해도 무방하다. 그리고 또 한 가지 중요한 것은 보상절차에 대한 설명이다. 또한 계약 이후 보상받을 일이 생겼을 때 어떻게 처리해야 하는지 설명해주고, 사소한 보상건도 본인이 처리해주는지에 대해 물어보면 설계사의 지식뿐만 아니라 고객에 대한 태도도 알아볼 수 있다.

다시 한번 명심하자. 구슬이 서말이라도 꿰어야 보배이듯, 보험상품이 아무리 좋아도 설계사가 보상을 제대로 챙겨주지 않는다면 해당 보험은 한낱 종이쪼가리에 불과하다. 보험계약 시 보상청구 절차나 필요 서류에 대해서 자세히 안내장을 만들어 설명하는 설계사라면, 신뢰도가 높은 설계사로 봐도 무방하다.

마지막 네 번째, 설계사의 평판이다.

보험이나 금융에 대한 전문적인 자격과 신뢰도는 중요하다. 하지만 평판은 이 모든 것을 아우른다. 통계에 따르면 보험가입의 70%는 주변 지인 소개로 이루어진다. 소개해준 지인들이 입을 모아 칭찬하는 설계사라고 하면, 적어도 당신을 실망시킬 만한 수준 미달은 아닐 것이다.

믿을만한 지인들에게 주변에 고객관리 잘하고 금융지식이 풍부한 좋은 보험설계사가 없는지 물어보자. 그렇게 해서 나온 몇몇 설계사들에게 상담을 받아보고 결정하면 된다. 한 번 맘에 드는 설계사와 계약을 체결하면 추가 계약도 그 설계사에게 맡기는 것이 대부분 고객들의 습관이기 때문에, 설계사를 선택하는 것이 매우 중요하다.

우리는 금융상품을 구매할 때 적어도 2~3가지 상품을 비교하고 가입한다. 보험설계사 역시 앞에서 제시한 기준으로 비교하고 선택하는 것이 좋다. 그것이 현명한 보험가입의 첫 번째 단추다.

장단점 비교: 전속설계사
VS 홈쇼핑 인터넷 VS GA설계사

홈쇼핑을 보면 보험상품 판매를 심심찮게 볼 수 있다. 인터넷에서는 다양한 보험상품을 직접 가입하거나 상담받을 수 있도록, 다수 보험사의 상품을 비교분석한 정보를 제공하기도 한다. 또한 텔레마케팅을 통해 보험가입 권유 전화도 심심찮게 걸려온다. 게다가 주변 소개로 만나게 되는 보험설계사들도 많다. 이렇게 보험을 판매하는 채널이 많으면, 고객들은 어디서 보험을 가입하는 게 좋은지 비교하기가 쉽지 않다. 그래서 보험을 가입하는 채널(보험사, GA대리점, 홈쇼핑, 인터넷)별로 무엇이 장점이고 단점인지 정리해볼 필요가 있다.

먼저 1개 보험사에 전적으로 소속되어 있는 설계사를 '전속설계사'라고 부른다. 대다수 가입자들이 가장 많이 만나는 설계사가 바로 이

전속설계사이다.

"OO생명 설계사 □□□입니다. XX화재 설계사 △△△입니다"라고 자신을 소개한다면, 그 사람은 해당 보험사의 전속설계사다. 이들은 소속 보험사에서 체계적인 교육을 통해 양성된 설계사로, 양질의 상담능력을 갖춘 경우가 많다. 이들이 1년에 받는 교육은 회사마다 차이는 있지만 최소 50시간에서 100시간이 넘는다. 보험사들마다 제공하는 세련된 재무설계 프로그램은 물론이고, 요즘에는 태블릿PC를 통해 쉽고 알찬 재무상담을 해주기도 한다. 그래서 이들에게는 좀 더 수준 높은 서비스를 기대할 수 있다. 또 대면으로 만나서 영업하는 경우가 대부분이므로, 본인 재무 사정에 맞는 맞춤 설계서비스를 받을 수 있다.

전속설계사의 단점도 역시 보험사다. 판매할 수 있는 상품이 본인 소속 회사의 상품으로 한정되어, 고객이 선택하는 상품도 어쩔 수 없이 한계가 있을 수 있다는 것이다. 요즘에는 이런 단점을 대비해 설계사마다 생명보험사 1개, 손해보험사 1개씩을 선택해 거래할 수 있도록 교차판매를 허용하고 있다.

두 번째로 모든 생명·손해 보험사의 보험상품을 판매할 수 있는 GA 대리점 설계사가 있다. 최근 5년간 GA시장 규모는 대한민국 보험시장의 55%를 차지할 정도로 급성장했다. 아마도 고객들이 원하는 다양성의 욕구를 충족시켜주기 때문일 것이다. GA설계사의 장점은 고객

요구에 맞춘 다양한 상품을 비교분석해, 가장 저렴하고 보장이 좋은 상품을 권유할 수 있다는 것이다.

물론 단점도 있다. GA설계사가 판매하는 모든 상품들이 고객에게 이득이 되는 상품은 아닐 수 있다는 것이다. 그도 그럴 것이 설계사는 1년에 쏟아지는 수백 개의 보험상품을 모두 공부하고 비교할 시간이 없다. 그래서 대부분 GA설계사들은 GA법인에서 정책적으로 판매를 권장하는 상품을 고객에게 권유하는 경우가 많다. GA의 상품을 면밀하게 분석해보면 대부분은 고객에게 도움이 되는 상품이다. 하지만 때로는 그렇지 못한 것이 섞여 있기도 한다.

GA설계사들과 효과적인 상담을 하고 싶다면, 유사한 타사상품과 비교견적을 꼭 받아보고 장단점을 분석한 후 선택하는 것이 좋다. 또한 GA대리점은 아무래도 전속보험사보다 정기적인 교육을 시킬 수 있는 여건(연수시설 및 전담 교육강사 확보 등)이 되지 않는다. 상품의 비교선택 측면에서는 유리하지만, 재무설계를 포함한 체계적인 상담서비스를 받기가 쉽지 않은 경우도 있다.

물론 GA대리점 중에서도 제대로 된 재무설계를 교육시키고, 고객을 상담하는 상당히 바람직한 곳들이 있다. 또한 수준 높은 GA설계사는 좋은 상품과 좋은 상담서비스를 동시에 제공할 수 있다.

이외에 우리가 접하는 보험판매 채널로는 홈쇼핑, 인터넷, 그리고 텔레마케팅이 있다. 이러한 채널의 장점은 대체적으로 보험상품 가격이 상대적으로 저렴하다는 것이다. 또 만나서 직접 설명을 듣고 서명을 하는 것이 아니라, 전화 혹은 인터넷을 통해 청약을 하는 방식으로(물론 법적으로 분쟁을 대비하기 위해 녹취를 해야 한다) 좀 더 쉽고 신속하게 보험가입이 가능하다는 것이다. 최근 홈쇼핑 보험 방송을 보면 예전과는 달리 저렴하면서도 보장이 괜찮은 상품이 종종 보이기도 한다.

홈쇼핑도 치명적인 단점이 있다. 바로 1:1로 대면상담을 해줄 수 없다는 것이다. 홈쇼핑을 예로 들어보자. 고객이 TV를 보고 상담을 요청하면 소속된 텔레마케터가 전화상으로 보험상품을 설명하고, 가입자가 가입의사를 밝히면 전화로 보험에 가입하게 된다. 결국 얼굴을 보고 일대일로 상담을 할 수 없기 때문에, 고객이 지금 어떤 상황인지 어떤 보험이 있는지 무엇이 부족하고 넘치는지 파악할 수가 없다. 대부분 보험상품 담보도 A, B, C형 같은 몇 가지 플랜으로만 나누어져 가입자의 다양한 선택이 보장되지 않는다.

간단히 말해 홈쇼핑·인터넷·텔레마케팅 상품은 저렴한 기성복이고, 전속설계사·GA설계사를 통한 상품은 맞춤복이라고 볼 수 있다. 무엇보다 보상받을 일이 발생할 경우 설계사를 통해 서비스를 받기보다 고객이 회사를 통해 직접 신청을 해야 하는 경우가 대부분이다. 가입은 쉽고 빠르지만 아쉽게도 사후관리는 미흡할 수밖에 없다. 이러한 이유로 대면판매를 하는 전속설계사·GA설계사보다 홈쇼핑·인터넷·텔레마케팅에서 불완전판매가 더 높게 나타난다. 이것이 보험업계의 현실이다.

지금까지 전속설계사, GA설계사, 홈쇼핑, 인터넷, 텔레마케팅의 차이점과 장단점을 알아봤다. 여전히 보험은 상품보다 설계사를 먼저 선택하고 가입하는 경우가 많다. 그래도 보장과 상품에 대해 알고 보험에 가입하는 것이 올바른 보험을 선택하는 지름길이다.

나에게 맞는 보험 찾기, 납입여력을 생각하라

지금까지 나에게 맞는 보장 담보, 보험사, 설계사를 찾는 법을 알아보았다. 그런데 그것 못지않게 중요한 것이 있다. 바로 보험의 납입여력을 고려하는 것이다. 특히 은퇴 후의 납입여력은 경제적으로 소득이 단절되는 60세 이후의 보험료가 내가 감당할 수 있는 수준인가를 판단하는 것이다. 이것은 최근 보험상품들이 갱신형으로 출시되는 보험 트렌드와도 관련이 깊다.

보험상품을 납입에 따라 구분하면 갱신형과 비갱신형으로 나눌수 있다. 갱신형은 일정 기간(1년, 3년, 5년, 10년, 15년, 20년, 30년 등)마다 위험률을 측정해서 보험료가 올라가는 방식이다. 비갱신형은 내가 보장받는 기간 동안의 보험료를 미리 당겨서 내는 방식이다. 예를 들어 보험상품 광고에서 '100세만기/20년납, 100세만기/15년납, 100세만기/10년납' 같은 표현이 나온다면 그렇다.

갱신형 상품을 선택하면, 지금 당장 납입하는 보험료는 저렴해서 부담이 적을 것이다. 그렇지만 나이가 들수록 더 많은 보험료를 내야 하기 때문에 경제적으로 부담이 될 수 있다. 2021년 기준으로 출시되는 상품 중에서 대표적인 갱신형 상품은 실손의료비 보험(1년, 3년, 5년 갱신)과 암보험(3년, 5년, 10년, 20년, 30년 갱신 등)이다. 지금 가입한 상품의 구성이 대부분 갱신형이라면 저렴한 보험료로 많은 보장을 챙길 수 있다. 하지만 나중에 높아진 보험료 때문에 정작 보장이 필요한 은퇴 이후 시기에는 보험을 유지하기가 어렵다는 단점이 있다.

그러므로 경제적 납입여력을 고려해 갱신형 상품과 비갱신형 상품을 알맞게 조절할 필요가 있다. 최근에 출시되는 상품은 보장 담보별로 갱신형과 비갱신형으로 선택하여 가입할 수 있도록 구성되는 경우가 많다. 보장의 크기, 보장기간, 보험료 수준만을 볼 것이 아니라 나중에 보험료가 올라가면 대략 어느 정도 크기가 될 것인지 점검해야 한다. 그것을 나중에 본인이 감당할 수준의 보험료인지도 확인해야 한다. 현재 혹은 나중에 설계사에게 보험상담을 의뢰한다면, 보험증권을 전부 꺼내서 다음과 같이 물어봐야 한다.

"제가 은퇴 이후에 낼 보험료가 대략 얼마 정도 될까요?"

이제는 미래의 경제적 납입여력을 고려해 어떤 보험을 정리하고 어떤 보험을 유지해야 할지 구분해야 한다. 지금의 보장만 보고 미래의 납입여력을 고려하지 않는 보험상품은 시간이 지날수록 보험료 납입의 부담으로 중도해지할 가능성이 높다. 아무리 좋은 보험상품이라도 마찬가지다. 잊지 말아야 한다. 나의 보장 담보 중 갱신형과 비갱신형 담보 비중이 얼마인가를 잘 고려해 가입하는 것이 현명한 보험선택이다.

Chapter 4

인보험 핵심 꿀팁

인보험, 어디부터
어디까지인가?

4장에서 다루는 것은 바로 인(人)보험이다. 인보험은 사람이 보장의 담보가 되는 보험 전체를 총칭한다. 앞에서 분류한 사망보장, 생존보장이 인보험의 주요 영역이며, 여기에 노후보장과 생활보장을 포함시킬수 있다.

첫 번째, '사망보장'은 예상한 수명보다 일찍 사망하게 될 경우, 가장으로서의 경제적 책임(남아있는 가족의 생계)을 다하기 위해 준비해야 하는 보장을 뜻한다. 대표적 보험으로 종신보험과 정기사망보험이 있다.

두 번째, '생존보장'은 예상보다 길어진 평균수명에 비례하여 증가한 신체적 위험(질병 및 상해)에 대비하는 보장을 뜻한다. 대표적으로 실손의료비 보험, 암보험을 포함한 주요 질병에 대한 진단금보험, 우연한 사고로 다치는 것에 대비한 상해보험, 그리고 수술이나 입원을 대비한 수술비 및 입원비 보험 등이 있다.

세 번째, '노후보장'은 노후를 살아가는 데 꼭 필요한 보장을 뜻한다. 대표적인 보험으로는 노후생활비를 위한 연금보험과 중대한 질병이나 상해로 간병상태에 놓일 때 필요한 간병보험이 있다.

네 번째, '생활보장'은 자동차사고 및 화재사고 뿐 아니라 살면서 생기는 각종 배상책임의 위험을 대비한 보장이다.

인보험 보장의 핵심
: 골고루, 충분히, 길게

인보험의 보장을 잘 가입하기 위한 원칙은 3가지만 기억하면 된다.

① 골고루

② 충분히

③ 길게

이것이 인보험 보장의 핵심이다.

첫 번째, '골고루'는 보장의 영역과 관련이 있다. 편식하는 습관이 있
는 사람은 건강에 문제가 생길 가능성이 높다. 보장도 마찬가지다. 편
식 없이 골고루 가입해야 문제가 없다. 그런데 필자가 만나는 고객들

을 보면 종종 몇 가지 보장에만 편식하듯 가입한 경우가 있다.

대표적인 경우가 생명보험사의 종신보험과 CI보험에만 집중적으로 가입하고, 다른 보험이 없는 경우다. 이때 죽거나 큰 질병에 걸릴 경우에는 보험금을 많이 받을 수 있지만, 그 외에는 보장을 받기가 어렵다. 결국 많은 보험료를 내지만 생명에 큰 위험이 생기기 전에는 혜택을 전혀 못 받는 경우가 많다는 것이다.

또 다른 사례로는 중복지급이 되지 않는 실손의료비 보험에 중복으로 가입하는 경우다(현재는 이런 경우에 대비해 실손의료비 보험은 전 보험사 통틀어 원칙적으로 1인 1개만 가입이 가능하다). 예를 들어 질병으로 입원할 경우 5천만 원 한도 내에서 실제 발생한 의료비를 100% 보장해주는 실손의료비 보험을 A사와 B사에 각각 1개씩 가입했다고 해보자. 만약 해당 가입자의 의료비가 500만 원 발생했다면, 500만 원씩 2개의 보험에서 1천만 원이 지급되는 것이 아니다. 각각의 보험에서 250만 원씩 지급되어 실제 손해액 이상은 받을 수 없다. 중복보장 지급이 되지 않는 상품에 이중으로 가입해 보험료만 낭비하는 대표적인 사례다.

두 번째, '충분하게'는 보장금액에 관한 것이다.

모든 보험을 골고루 들었다고 해도 보장금액이 턱없이 적다면, 실제로 보험사고가 발생했을 때 충분한 보험 혜택을 받기는 어려워진다. 대표적인 사례가 암보험이다. 2005년 이전에 나온 암보험 상품의 보장금액은 대부분 300만~500만 원 수준이었다. 최근에 암보험을 가입했다고 하더라도 보장금액은 대부분 1천만~3천만 원 수준이 대부분이다.

이 정도 보장금액으로 암보장이 충분할까? '한국암치료보장성확대협력단'에서 실시한 '암환자 대상 설문결과' 발표에 따르면, 암 환자를 가장 힘들게 하는 요인으로 경제적 요인이 37.3%로 가장 많았다. 그다음 정신적 요인 31.9%, 육체적 요인 27.6%, 사회적 요인 2.7% 순으로 나타났다. 암치료의 경제적 부담 상승에는 비급여 항암제가 큰 부분을 차지하고 있다(〈도표 4-2〉).

〈도표 4-1〉도 보자. 암 치료비용 분석 결과 비급여 치료를 받은 암 환자들의 평균 치료비용은 2,877만 원이었다. 이러한 2,877만 원 중에서 71.6%인 2,061만 원이 비급여 항암제 비용으로 지출된 것으로 조사됐다. 실제로 비급여 항암 치료를 중단한 환자 중에서 70%가 경제적 부담을 이유로 중단했다고 답했다.

최근 항암 치료에 대한 의료기술은 지속적으로 발전하고 있고, 의료비용 또한 증가 추세다. 특히 이런 항암 치료 대부분이 상급종합병원에서 통원 치료로 이루어짐을 감안하면 치료비 외에도 교통비, 간병비 등에 대한 준비도 필요하다. 그뿐만이 아니다. 치료가 길어져 실직 등 경제생활을 영위할 수 없는 상황을 대비해 일정 기간 사용할 수 있는 가족들의 긴급 생활자금에 대한 준비도 필요하다.

특히 암을 치료받는 대상이 가계의 주 소득원인 가장이라면 말할

도표 4-1 암 치료 설문조사 ①

Q. 암 치료에 소요된 비용은 총 얼마였습니까?

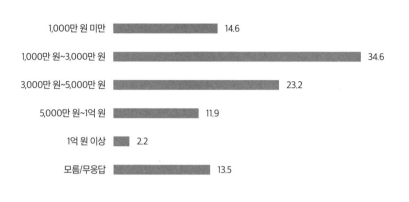

항목	값
1,000만 원 미만	14.6
1,000만 원~3,000만 원	34.6
3,000만 원~5,000만 원	23.2
5,000만 원~1억 원	11.9
1억 원 이상	2.2
모름/무응답	13.5

· 평균 암 치료비용 2,877만 원
· 한국 암치료 보장성 확대 협력단 설문 조사 결과, 2016년

도표 4-2 암 치료 설문조사 ②

Q. 암 치료비용 중 가장 높은 비중을 차지하는 항목은 무엇이었습니까?

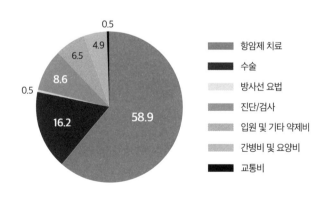

- 항암제 치료
- 수술
- 방사선 요법
- 진단/검사
- 입원 및 기타 약제비
- 간병비 및 요양비
- 교통비

· 한국 암치료 보장성 확대 협력단 설문 조사 결과, 2016년

나위가 없다. 이런 점을 모두 고려했을 때 암 진단금 1~3천만 원은 턱없이 부족하다. 제대로 된 암보험은 치료비와 더불어 치료기간의 간병비, 생활비까지 고려되어야 한다.

세 번째, '길게'는 보장기간을 뜻한다.

최근 몇 년간 출시된 상품은 100세까지 보장하는 상품이 대다수였다. 하지만 불과 10년 전만 해도 80세 만기 상품이 대다수를 이루었고, 더불어 10년, 15년, 20년 등 일정 기간만 보장하는 정기보험 상품이 주류를 이루었다. 그래서 보험을 골고루 가입금액을 충분하게 준비해도, 기간이 충분하지 못하면 정작 보험이 필요한 시기에 보장받지 못하는 상황이 발생하게 된다. 보험료가 저렴하다는 이유로 10~20년 정도의 일정 기간만 보장하는 정기보험만 가지고 있다면 나중에 큰 문제가 될 수밖에 없다.

예를 들어보자. 20세의 A씨가 20년간 보장을 받는 암보험을 저렴한 보험료로 가입했다면, A씨가 암보장을 받을 수 있는 나이는 40세까지다. 정작 중요한 40세 이후를 보장받지 못하는 것이다. 물론 20년이 지난 후에 새로운 보험으로 가입하면 된다. 하지만 그 사이에 질병이 발생해버린다면, 40세 만기가 지난 이후에는 새로운 보험에 가입하기가 어렵다. 이미 질병을 앓은 경험이 있거나, 질병을 앓고 있는 기왕력자가 되기 때문이다. 기왕력자는 보험회사에서 인수를 꺼리는 기피대상 1호다.

다행히 최근 정기보험이라 불리는 대다수 갱신형 상품들은 자동갱신 기능이 있다. 일정 기간, 예를 들어 10년, 20년, 30년 이후 올라간 보험료로 자동갱신을 해준다. 또 기왕력을 이유로 갱신을 거절할 수 없는 상품이 대다수다.

그래도 건강이 좋을 때 보장기간을 충분히 확보해놓는 것은 보험설계의 기본이다. 인보험은 3가지 관점, '골고루, 충분하게, 길게' 원칙에 입각해 내 보험을 꼼꼼하게 점검해봐야 한다.

인보험 비교의 핵심
: 보험료와 환급률

'골고루, 충분히, 길게'라는 원칙에 의해 보장을 준비했다면, 그다음 비교해야 할 것은 보험료와 환급률이다. 보험료는 저렴하면 좋고, 환급률은 높으면 좋다는 것이 가입자 대부분의 생각이다. 하지만 세상 어디에도 보험료는 싸고, 환급률도 높으면서, 보장도 훌륭한 보험은 없다. 보험료가 싸면 싼 대로 이유가 있고, 환급률이 높으면 높은 대로 이유가 있다.

여기서 우리가 먼저 생각해봐야 할 것은 보험가입의 목적이다. "왜 나는 ○○○보험을 가입했는가?" 혹은 "왜 가입하려 하는가?"라는 질문을 먼저 해야 한다. 보험마다 사람마다 각기 나름의 이유가 있겠지만, 공통적인 보험가입 목적은 만약의 경우 보장을 받기 위한 것이다.

따라서 보험선택 기준이 단순히 보험료가 싸다거나, 환급률이 높다는 것이 되어서는 안 된다.

결국 보험의 핵심은 보장이다. 보장이 우선이고 그다음이 보험료와 환급률이다. 먼저 보험료는 핵심 담보의 보장금액, 보장기간을 맞춘 후 몇 가지 상품과 비교해야 한다. 예를 들어 암 진단금 3천만 원짜리 상품을 가입한다면, 비교하고자 하는 회사의 암 진단금 보장조건을 동일하게(예를 들어 20년납입/20년보장, 암 진단금 3천만 원) 비교해야 한다는 것이다. 각각 진단금이 다르고, 보장기간이 다르면 보험료 비교는 무의미하기 때문이다.

그런데 문제는 보험의 보장 담보가 워낙 다양해서 각기 다른 회사끼리의 상품을 정확하게 비교하기는 어렵다는 것이다. 그래서 모든 담보를 일일이 비교하기보다 핵심 담보만 선택해서 비교하는 것이 더 효율적이다.

그렇다면 핵심 담보는 무엇일까? 보험가입 안내서를 보면 각 담보별 보험료가 표기되어 있다. 그중 보험료가 비싼 3~4가지 항목이 있을 것이다. 이를 조건으로 비교하면 된다는 것이다. 나름대로 기준을 정해 보험료가 비싼 담보만 골라내서 보면 정확한 비교가 가능하다.

마지막으로 소비자가 고려할 것은 환급률이다. 보험상품은 크게 2가지 상품으로 구별된다. 첫 번째는 만기 시에 환급금이 없는 순수보장형 상품이다. 두 번째는 만기 시에 일정 수준의 만기환급금을 보장히는 만기환급형 상품이다. 만기환급형 상품은 보장보험료와 별도로 만기환급금을 위한 저축보험료가 들어가기 때문에 순수보장형 상품보다 비쌀 수밖에 없다. 하지만 보험사고 이외의 상황에서 큰돈이 필요할 경우, 중도인출이나 약관대출을 통해 비상자금으로 활용이 가능하다. 무엇보다 갱신형 담보가 포함된 보험상품일 경우, 갱신 시 인상되는 보험료를 추가 부담 없이 그동안 적립해둔 적립보험료로 대체납입할 수 있다는 이점이 있다.

그래서 '순수보장형이 좋다. 만기환급형이 좋다'라는 논란은 무의미한 것이다. 가입자 본인의 목적에 맞게 선택해서 가입하면 되는 것이다. 예를 들어 어린이보험도 순수보장형으로 설계할 경우, 3~5만 원정도면 충분하지만, 만기환급형 상품으로 가입하려면 10만 원 이상의 보험료가 들 수도 있다.

어떤 이들은 5만 원으로 보장만 챙기고 나머지는 적금을 드는게 낫다고 말하기도 한다. 물론 보험에는 사업비가 있기 때문에 경제적으로만 보면 맞는 말이다. 그런데 은행적금은 만기가 고작해야 3년이다. 필자가 상담했던 수많은 가입자들을 보더라도 10만 원의 환급형 상품을 가입하는 대신 5만 원의 순수보장형 상품을 가입하는 경우는 많았지만, 남은 차액 5만 원으로 자녀를 위한 저축에 가입하는 경우는 거의 본 적이 없다. 실제로 기간이 3년에서 5년 사이인 적금은 만기가 되면 다시 돈을 찾아 또 다른 적금이나 예금상품에 재투자하기가 어

도표 4-3 **보험료 비교**

① 보장 담보 내역 예시

담보명	납기/만기	가입금액(만 원)	보험료(원)
기본계약(상해후유장해)	10년납/30세만기	100	25
보험료납입면제대상담보	전기납/10년만기	10	7
상해입원일당(1-180일)담보	10년납/30세만기	5	4,425
상해입원일당(1-180일,종합병원)담보	10년납/30세만기	5	1,856
질병입원일당 II (1-180일)담보	10년납/30세만기	5	5,125
질병입원일당 II (1-180일,종합병원)담보	10년납/30세만기	5	3,070
치아치료(유치,영구치) III 담보	10년납/30세만기	20	35,880

② 순수보장형과 만기환급형 비교

구분	순수보장형	만기환급형
보장보험료	50,397원	50,397원
적립보험료	-	49,603원
보험료 합계	50,397원	100,000원
예상 만기환급금(30세)	-	6,711,890원

· A사 어린이 보험, 5세 남아 설계 기준

렵다. 중간에 돈을 찾게 되면 돈이 들어갈 일이 생기거나, 어딘가에 쓰고 싶다는 소비의 유혹에 노출되기 때문이다.

〈도표 4-3〉과 같이 5세 남아가 치아 및 일당 담보로 구성된 10년납/30세만기 보험을 순수보장형으로 가입하면, 월 50,397원의 보험료를 납입하면 된다. 그런데 여기에 약 49,603원을 적립보험료로 추가해서 월 10만 원의 환급형 보험을 가입하게 되면, 25년 뒤 자녀가 독립할 시기에 약 670만 원의 만기환급금을 찾을 수 있게 된다. 한 달에 5만 원을 절약해서 아이의 보장도 챙기고 먼 미래에 자녀 독립 자금까지 마련할 수 있다면 어떤 것이 현명한 것일까?

결국 선택은 보험 소비자 혹은 가입자의 몫이다. 다만 보험은 가입 기간이 길고, 소액으로도 목돈을 마련할 수 있는 큰 장점이 있다는 걸 간과해서는 안 된다.

21

살면서 꼭 필요한
인보험 베스트 7

가입자의 연령 및 재무환경에 따라 인보험의 우선순위는 조금씩 다르다. 그래도 중요도에 따라 인보험 베스트 7을 정리하면 다음과 같다.

첫 번째, 의료비를 대비하기 위한 실손의료비 보험이다.

실손의료비 보험은 가입시기에 따라 1년, 3년, 5년마다 보험료가 올라간다는 단점이 있다. 하지만 5천만 원 한도로 질병이나 상해에 관한 의료비를 0~30% 공제하고, 대부분 보상받을 수 있는 장점이 있다. 무엇보다도 미래에 의료비가 상승할 경우, 정해진 한도 내에서는 정액보장보다 물가상승에 좀 더 잘 대비할 수 있는 유일한 의료비보장보험이다.

두 번째, 암보험이다.

현재 우리나라 통계기준으로 남자는 5명 중 2명, 여자는 3명 중 1

명에게 암이 발생한다. 확률적으로 봐도 가입 이후 혜택을 볼 확률이 높은 보험이다. 특히 암은 발병 시 다른 질병에 비해 치료비와 생활비에 대한 부담이 크기 때문에, 젊고 건강할 때 꼭 1개 이상은 가입해야 한다.

세 번째, 2대 질환보험이다.

암과 더불어 뇌혈관 및 심장질환은 가장 빈번하게 발생하는 질환이다. 2대 질환은 진단금과 더불어 수술비의 중요성이 크다. 고혈압, 고지혈, 당뇨를 가지고 있는 기저질환자들은 재발이 많기 때문이다. 따라서 2대 질환 관련 보험은 보장의 범위와 더불어 수술비담보의 유무도 꼭 따져봐야 한다.

네 번째, 사망보험이다.

사망보험은 죽을때까지 보장하는 종신보험과 일정 기간(30~60세)을 보장하는 정기보험, 2가지가 있다. 2019년 보험개발원 자료에 따르면 우리나라 사망자 중 생명보험 사망보험금을 3천만 원 미만으로 수령한 사람은 전체 사망자의 85%이다. 실제로 가장의 경우 3천만 원 미만의 사망보험금은 턱없이 부족한 것이 현실이다. 보험료 부담이 없다면 종신보험으로 가입해도 된다. 하지만 보험료가 부담된다면 정기보험으로 가입하는 게 좋다. 생각보다 훨씬 적은 보험료로 1억 원 이상의 보장을 충분히 챙길 수 있다. 남녀를 막론하고 생계를 책임지는 가장이라면 꼭 필요하다.

다섯 번째, 소득보장보험이다.

소득보장보험은 가족의 생계를 책임지는 가장이 질병이나 상해로 인해 후유장해 상태가 되어 더 이상 생계를 꾸려갈 수 없을 경우, 꼭 필요한 보험이다. 그렇다면 사망보험과는 뭐가 다를까? 사망보험은 일단 대부분 일시금으로 보험금이 지급된다. 반면에 소득보장보험은 10년, 20년, 30년 등 일정 기간 동안 100만, 200만, 300만 원 등 가계에 필요한 생활비를 나누어 지급한다는 것이 특징이다.

여섯 번째, 간병보험이다.

실손의료비 및 암보험 같은 주요 질병에 대한 보장도 책임지지 못하는 영역이 바로 간병보장이다. 가장 대표적인 게 치매나 뇌졸중 등으로 가족구성원의 누군가가 장기간 입원하거나 간병을 통해서 누군가의 보살핌을 받아야 하는 경우이다. 치매로 노인요양병원에 입원하게 되면, 한 달 평균 150만 원 정도의 병원비가 필요하다. 이런 병원비 중 간병비용은 실손의료비 보험에서도 보장하지 않는 영역이다. 그렇기 때문에 급격한 초고령화시대를 맞이하는 대한민국에서 앞으로 꼭 필요한 보험이다. 특히 치매는 여성이 남성보다 발생 확률이 2배 이상 높으므로 더욱 관심을 가져야 한다.

마지막으로 일곱 번째, 수술 및 입원일당 보험이다.

입원수술비보험은 진단금보험과 달리 최초1회한이 아닌 반복지급이 가능하다는 장점이 있다. 최근에는 다양한 수술비 담보들이 출시되이 경증질환부터 암과 2대 질환 같은 중증질환까지 광범위하게 반복보장한다는 것이 특징이다.

살면서 꼭 필요한 인보험을 알아봤다. 앞에서 언급한 대로 실손의료비 보험, 안보험, 2대 질환보험, 사망보험, 소득보장보험, 간병보험, 수술 및 입원일당보험 순서로 내 보험을 챙겨보자. 이렇게 자신의 보장을 챙기면 꼼꼼한 보험설계가 가능하다.

Chapter 5

사망보험 핵심 꿀팁

사망보험은
언제까지, 얼마나?

사망보험은 생계를 책임지는 가장이 유고 시에 남은 가족의 생계를 위해 드는 보험이다. 사망보험에서 첫 번째로 생각해봐야 할 것은 '사망보장이 언제까지 필요한가?'이다. 의료비는 태어나서 사망할 때까지 평생 필요한 보장인 반면에, 사망보장은 꼭 평생 동안 필요한 건 아니다. 사망보장이 필요한 시기는 보통 첫아이가 태어나서 막내가 결혼할 때까지 대략 30년 정도이다. 이 기간에 집중해서 사망보장을 준비해야 하는 것이다.

물론 상속개시 시 상속세 재원을 마련하기 위해 자산가들이 사망보험에 들기도 한다. 이 경우에 사망보험은 자녀들이 다 결혼하고 난 이후에도 피상속인이 죽기 전까지 유지될 필요가 있다. 하지만 극히 일부분이다. 그렇기 때문에 대부분 보편적인 사망보장이 필요한 기간은 가장이 생계를 책임지는 30년 정도임을 기억해야 한다.

그렇다면 생각할 것은 사망보장 금액이다. 얼마나 필요할까? 사망보장 금액에 대한 명확한 정리가 필요하다. 만약 가장이 불의의 사고나 질병으로 사망할 경우, 남은 가족에게는 어떤 일이 벌어질까? 우선 투병기간 동안 들어간 의료비를 완납해야 하고, 장례비도 지불해야 한다. 이후에는 가장이 남기고 간 부채를 정리하고, 마지막으로 어떻게 생계를 유지할지 대책을 마련해야 한다. 누군가 가장을 대신해서 일을 해야 한다는 것이다.

2020년 우리나라 평균부채는 4인 가족 기준으로 6천만 원이 넘는다. 장례도 화장 후 납골당에 안치하는 것으로 검소하게 해도 약 1,500만 원이 든다. 또 남은 가족이 취업 및 창업을 준비할 1년 동안 필요한 생활비는 약 3,600만 원이다(4인 가족 평균 생활비 300만 원×12개월). 이를 모두 합하면 1억 1,100만 원이 소요된다. 4인 가족 기준으로 1억 1,100만 원이 가장에게 필요한 최소의 사망보장금액이 되는 것이다. 여기에 1년 후 창업비용까지 생각한다면, 족히 2억 원 이상은 필요하다.

결국 사망보장을 제대로 준비하지 못하면, 대부분의 중산층 가정은 가장 유고 시 극빈층으로 전락하게 된다. 그래서 필자는 대한민국 평균 사망보험금이 아직도 3천만 원이라는 현실이 참으로 안타깝다.

그럼에도 불구하고 대부분은 제대로 된 사망보험 보험료가 너무 비

도표 5-1 1억 원의 정기보험 가입 시 보험료 수준 비교

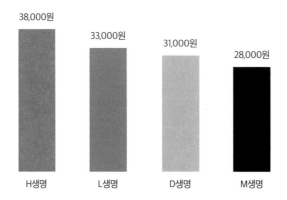

· 40세 남성, 20년 정기보험, 1억 원 사망보장 가입 시(2021 생명보험협회 공시실)

싸다고 한다. 왜 필요한지 충분히 알겠지만, 방법을 모르겠다고 말한다. 그래서 지금부터 적은 보험료로도 충분한 보장을 챙길 수 있는 방법을 살펴보겠다.

사망보험을 준비하는 방법은 2가지가 있다. 종신보험으로 전 기간 동안 보장을 받는 방법과 정기보험으로 일정 기간 동안 보장을 받는 방법이다. 종신보험과 정기보험의 가장 큰 차이점은 보장기간 차이다. 현재 판매되는 대부분 종신보험은 연금전환 기능도 포함하고 있어서, 60세 이후 가장의 사망보장 기간이 끝나면 계약자 선택에 의해 연금상품으로 전환할 수 있다. 가장이 생계를 책임지는 30년 동안에는 사망보장을 챙기고, 이후에는 나의 노후를 챙길 수 있는 1타 2피의 상품

인 것이다.

그런데 큰 문제가 있다. 일반 서민들이 감당하기에 보험료가 비싸다는 것이다. 어쩌면 당연하다. 가입 시부터 종신까지 보장하려니 보험료가 당연히 비쌀 수밖에 없다. 그렇다면 정말 순수하게 정기보험으로 가입하면 얼마의 보험료가 들까? 〈도표 5-1〉은 40세 가장이 1억원 사망보장을 가입하기 위해 60세까지 20년간 정기보험에 가입할 경우의 월 보험료다. 회사마다 차이가 있지만 대부분 3만 원 내외의 보험료로 가입이 가능하다.

한마디로 정기보험은 종신보험료 1/4에서 1/5 정도 수준의 보험료로 똑같은 보장을 챙길 수 있다는 것이다. 여기서 더 나아가 종신보험료 절반의 보험료로, 사망보험금을 지금의 2배로 준비하자는 것이다. 이렇게 보험료는 줄이고 보장은 늘리는 것이 효과적인 보험가입 방법 중 하나이다. 그리고 남은 보험료로는 무엇을 할까? 앞에서도 필자가 강조한 실손의료비 보험, 암보험, 2대 질환보험, 소득보장보험, 간병보험, 수술 및 입원비보험 등을 추가적으로 챙기는 것이다. 그러면 100세 시대를 더욱 든든한 보장으로 준비할 수 있다.

23
일반사망, 재해사망, 상해사망, 질병사망이란?

사망보장의 담보는 총 4가지로 분류된다. 생명보험과 손해보험은 보장 범위에 다소 차이가 있어 꼭 한 번쯤은 확인할 필요가 있다. 생명보험은 일반사망과 재해사망으로 구분하고, 손해보험은 질병사망과 상해사망으로 구분한다. 이를 정리한 것이 〈도표 5-2〉다.

첫 번째, 보장의 범위가 가장 광범위한 것은 생명보험사의 일반사망이다. 일반사망은 2년 이내의 자살 이외에는 거의 모든 사망에 대해 보장해주는 사망 담보다. 사망 원인이 질병이든 상해나 교통사고든 문제가 되지 않는다. 그래서 사망 시에 가장 논란의 여지없이 보험금을 수령할 수 있는 것이 일반사망이다. 나머지 사망 담보의 경우에는 면책조항(보험금을 지급하지 않는 경우)이 있기 때문에 주의가 필요하다.

도표 5-2 **사망보장 종류별 보장범위**

일반사망	사망 시 지급 (가입 후 2년 이내 자살 이외 모든 경우 지급) <생명보험사>
질병사망	질병으로 사망 시 지급 <손해보험사>
재해사망	재해(우발적인 외래의 사고)로 사망 시 지급 <생명보험사>
상해사망	상해(우연하고 급격한 외래의 사고)로 사망 시 지급 <손해보험사>

· 재해의 주요 면책 사항: 탈수, 익사, 과로, 이물질 삼킴 장애, 격렬한 운동 등
· 상해의 주요 면책 사항: 임신/출산/산후기, 전쟁/무력행사/폭동, 직업/직무/동호회 활동 등

두 번째로 보장의 범위가 큰 것은 손해보험사의 질병사망이다. 실제로 대한민국 사망원인을 질병 대 상해로 구분하면, 질병으로 인한 사망이 90%다. 상해로 인한 사망은 10% 정도로, 질병사망으로 인한 사망이 월등하게 높다. 그래서 상해사망보다 질병사망이 보통 10배 이상 보험료가 비싸다. 만약 질병사망을 담보하지 않고 상해사망이나 재해사망만 가입했다면, 보험전문가들은 반쪽짜리도 안 되는 사망보장을 가지고 있다고 한다.

세 번째로 범위가 큰 것은 생명보험사의 재해사망이다. 재해사망은 우발적인 외래 사고로 인한 사망에 대해 보험금을 지급한다. 주요 면책

사유로는 탈수, 익사, 과로, 이물질 삼킴장애, 격렬한 운동 등이 있다.

그다음 네 번째는 손해보험사의 상해사망이다. 상해사망은 우연하고 급격한 외래 사고로 인한 사망에 대해 보험금을 지급한다. 주요 면책사유로는 고의, 임신/출산/산후기, 전쟁/무력행사/폭동, 직업/직무/동호회 활동 등(전문 등반이나 스킨스쿠버 등 위험활동, 직무상 선박에 탑승 시)이 있다.

이렇게 생명보험사와 손해보험사의 사망 담보 지급범위도 다르고 면책조항도 다르다. 그래서 사실상 사망보험금에 대한 분쟁이 많은 것도 현실이다. 따라서 보험료가 비싼 사망보장에 가입하려고 한다면, 가입 전에 각기 다른 사망보장 담보에 대한 꼼꼼한 분석이 필요하다. 일반적으로 사망보장에 관해서는 생명보험의 일반사망이 보장범위나 내용이 가장 크다. 그래서 사망보장을 제대로 가입하기 위해서는 생명보험의 일반사망 담보를 가입하거나, 손해보험의 '질병사망 담보+상해사망 담보'를 세트로 가입하는 것이 좋다.

사망보험과 후유장해,
바늘과 실이다

후유장해는 말 그대로 사고나 질병으로 인해 인체에 장해가 남게 되는 경우를 뜻한다. 지금 대다수 보험들은 사망과 후유장해가 각기 다른 담보로 분리되어 있지만, 15년 전만 해도 사망과 후유장해가 같이 묶여 있는 경우가 많았다. 사망과 후유장해의 가장 큰 차이점은 '목숨이 붙어 있는가, 아니면 끊겼는가' 하는 생명유지 유무의 차이다. 보험으로 접근하면 단순하게 죽었는가 아니면 살아있는데 장해를 입었는가인데, 그 외에도 몇 가지 큰 차이점이 있다.

첫 번째 차이점은 사망은 생계를 책임지는 가장에게 필요한 담보지만, 후유장해는 누구에게나 필요한 담보라는 것이다. 사망과 고도후유장해(80%) 이상의 후유장해는 동일한 보험금이 지급되는 보험이 많다. 이는 사고나 질병치료 이후 생명은 붙어 있지만, 심각한 장해를 입게 되면 살아있는 동안 재활치료 및 간병을 위한 비용이 많이 들어가기 때문이다. 만약 가족 중에 가장이 아니라도 누군가가 심각한 장해를 입게 되면 여러 가지로 들어가는 비용이 만만치 않을 것이다. 예를 들어 자녀에게 사망보장은 필요하지 않지만, 혹시 모를 후유장해 상태를 대비한 보장은 꼭 필요할 것이다.

두 번째 차이점은 사망보장을 위한 보험료는 비싸지만, 후유장해를 위한 보험료는 사망보장을 위한 보험료보다 훨씬 저렴하다는 것이다. 왜냐하면 사망보험금은 보험금 전체를 지급하지만, 후유장해로 인한 보험금은 지급률에 따라 차등지급되기 때문이다. 특히 상해 관련한 후유장해 보험료는 생각보다 저렴하다.

세 번째 차이점은 사망보장은 가장이 생계를 책임지는 기간 동안 집중적으로 필요하지만, 후유장해 보장은 전 생애에 걸쳐서 필요한 보장이라는 것이다. 이는 사망으로 인한 보험금은 남은 가족이 소비할 재원이라고 하면, 후유장해로 인한 보험금은 남은 가족뿐만 아니라 본인도 써야 할 재원이기 때문이다.

앞에서 사망보험과 후유장해의 차이점을 설명했다. 하지만 정말 큰 사고나 질병으로 인해 생명이 끊기는 사망이나, 생명은 유지되었지만 사지를 제대로 쓰지 못하는 후유장해는 보험가입 시 바늘과 실처럼 항상 같이 고려해야 한다. 그래서 가장은 사망보장 및 후유장해보장을 같이 고려한 보험을 가입하고, 가장이 아닌 나머지 가족구성원은 사망보장보다는 후유장해보장을 늘리는 것을 중심으로 보험에 가입하자. 그렇게 하면 적은 비용으로 큰 보장을 챙길 수 있다. 또한 보험가입 시 후유장해보장은 가입할 수 있는 최대금액을 보장받는 설계를 요청하도록 하자.

사망보험 완결판, 소득보장보험

요즘은 종신보험이나 정기보험을 뛰어넘어, 합리적인 보험료로 가장의 사망이나 후유장해로 인한 소득상실을 보전하기 위한 소득보장보험(생활비보장보험)이 많이 출시되고 있다. 이 상품의 가장 큰 특징은 사망뿐만 아니라 후유장해 시에도 높은 보험금을 지급한다는 것이다. 일부는 일시금으로 보험금을 지급하고, 일부는 매월 생활비처럼 쪼개서 보험금을 지급한다. 이 상품은 필요한 기간 동안만 적은 보험료로 사망 및 후유장해를 동시에 보장받고 보험금도 '일시금 + 월지급' 방식으로 지급받을 수 있어, 실질적으로 사망보장에 가장 적합한 보험이라고 할 수 있다.

그동안 대다수 보험은 상해로 인한 후유장해에는 관대한 반면, 질병으로 인한 후유장해에 대한 보장은 약했다. 그런데 요즘 주목할 만한 것이 질병으로 후유장해를 입었을 때도 보험금을 지급하는 상품들이 속속 등장하고 있다는 것이다. 물론 보험료는 확률에 근거하기 때문에 상해보다 질병 관련 보험료가 더 비싸다. 그래도 각자의 형편에 맞게 질병후유장해도 대비할 수 있다는 것이 가장 큰 장점이다.

또한 일정 이상(보통 50% 이상 또는 80% 이상)의 후유장해 발생 시 보험료 납입면제 기능이 있어, 납입자의 경제적인 편의도 고려하는 상품들이 대부분이다. 기존에 사망보장이 부족한 가입자들은 정기보험이나 소득보장보험으로 부족한 사망보장을 채울 수 있다.

소득보장보험을 가입하게 된다면 우선 일시금 및 월지급 금액을 확인해야 한다. 그다음 상해후유장해뿐만 아니라 질병후유장해는 얼마나 보장하는지 봐야 한다. 후유장해담보 지급조건을 80% 이상의 고도후유장해만 집중할 것이 아니라, 80% 미만의 일반후유장해도 보장받을 수 있는 조건인지 꼭 따져보자. 80% 이상의 고도후유장해는 보험료는 싸지만 발생할 확률이 낮기 때문이다.

후유장해,
왜 챙겨야 할까?

후유장해 보험의 가입 필요성을 느끼지 못하는 사람들에게 필자는 종종 이렇게 말하곤 한다.

"가장이 죽는 것보다 더 큰 위험은 무엇일까? 바로 가장이 장해상태가 되어 소득은 벌지 못하는데, 지속적으로 병원비가 들어가는 상황이다."

물론 죽지 않고 가족 곁에 있는 것이 더 낫다고 말할 수 있을 것이다. 하지만 경제적 관점에서 바라본다면 후유장해, 그것도 일상생활이 불가능할 정도의 고도후유장해만큼 남아 있는 가족들에게 치명적인 위험도 없을 것이다.

후유장해를 보상하는 담보는 크게 상해후유장해와 질병후유장해가 있는데, 대부분 소비자들은 상해후유장해만 가입한다. 왜냐하면 질병후유장해는 상해후유장해에 비해 보험료가 비싸기 때문이다. 또 상해후유장해는 3~100%의 후유장해를 대부분 보상하는 담보들이 많지만, 질병후유장해는 50%나 80% 이상의 후유장해만 보상하는 상품이 대부분이기 때문이다.

최근 들어 당뇨 합병증, 암수술, 녹내장, 백내장, 뇌경색증, 루게릭병 등으로 인해 신체 일부(혹은 전체)의 기능을 상실하는 질병후유장해 환자가 많아지고 있다. 그러면서 질병후유장해 보험에 대한 관심도 높아지고 있다. 가입금액이 다소 적고 보험료가 비싸기는 하지만, 질병후유장해(3% 이상) 담보도 판매되고 있다.

다음 3가지 사례를 통해 질병후유장해에 대해 자세히 알아보자.

첫 번째는 부인과 사별하고 혼자서 생계를 유지하는 독거노인 75세 황노안 씨 사례다. 황노안 씨는 몇 해 전부터 눈이 침침해 병원에 갔는데, 백내장이라는 진단을 받았다. 이렇게 진단을 받고도 수술 및 비용에 대한 두려움으로 몇 년을 방치했더니, 왼쪽 눈이 실명되기에 이르렀다.

이렇듯 최근 65세 이상 노인에게 가장 많이 발생하고 있는 질병은 백내장이다. 백내장뿐만 아니라 녹내장, 황반변성 같은 안과질환이 급

도표 5-3 후유장해 지급률표

극심한 치매 : CDR척도 5점	100%
심한 치매 : CDR척도 4점	80%
뚜렷한 치매 : CDR척도 3점	60%
약간의 치매 : CDR척도 2점	40%
일상생활 기본동작 제한	10~100%

두 귀의 청력 상실	80%
한 귀의 청력 상실	25%
평형 기능 장해	10%

두 눈이 멀었을 때	100%
한 눈이 멀었을 때	50%
한 눈의 교정시력 0.1 이하	15%

코의 호흡기능 완전히 상실	15%
코의 후각기능 완전히 상실	5%

치아 14개 이상 결손	20%
치아 7개 이상 결손	10%
치아 5개 이상 결손	5%

추간판탈출증 심한 신경 장해	20%
추간판탈출증 뚜렷한 신경 장해	15%
추간판탈출증 약간의 신경 장해	10%

심장 이식 받는 경우	100%
폐, 신장, 간장 이식 받는 경우	75%
평생 혈액투석 받는 경우	75%
위, 대장, 췌장 전부 절제	50%
양쪽 고환, 난소 모두 상실	50%
한쪽 폐, 신장 전부 절제	30%
위, 췌장 50% 이상 절제	30%
인공심박동기 영구 삽입	30%
영구적 인공요도 필요	15%

두 팔의 손목 잃었을 때	100%
한 팔의 손목 잃었을 때	60%

한 손의 5개 손가락 상실	55%
한 손의 첫째 손가락 상실	15%

두 다리의 발목 잃었을 때	100%
한 다리의 발목 잃었을 때	60%

한 발의 5개 발가락 상실	30%
한 발의 첫째 발가락 상실	10%

· A사 장해분류표, 2021년 12월 기준

증하고 있다고 한다. 또한 안과질환을 방치하다가 실명에 이르는 경우도 자주 발생하고 있다. 이렇게 황노안 씨처럼 안과질환으로 한쪽 눈의 시력을 모두 잃게 된다면, 후유장해지급률은 50%다. 만약 질병후유장해(3% 이상) 담보를 1억 원으로 가입했다면, 황노안 씨가 받을 수 있는 보험금은 5천만 원이 된다.

두 번째 사례는 50대 자영업자 김만성 씨다. 김만성 씨는 30대 초반에 당뇨가 발병했다가 최근 상태가 급격하게 악화되었다. 7년 전부터 해외로 아내와 아이들을 보내고 기러기아빠가 된 후 챙겨주는 사람이 없어지자, 건강관리 및 식단조절에 실패한 것이다. 거기다 당뇨약 복용도 소홀히 했다. 당뇨 합병증으로 오른쪽 다리에 괴사가 일어난 김만성 씨는 어쩔 수 없이, 오른쪽 다리 무릎 아래쪽을 절단하게 되었다. 이때 후유장해지급률은 60%다. 질병후유장해(3% 이상) 담보를 1억 원으로 가입했다면, 김만성 씨가 받을 수 있는 보험금은 6천만 원이 된다.

마지막 사례는 40대 회사원 이과로 씨다. 이과로 씨는 근무시간 내 과로는 물론 접대로 인한 잦은 술자리로 몸이 자주 붓고 피로함을 호소했다. 그러다가 병원을 갔는데, 의사로부터 신장기능이 저하되어 제대로 노폐물을 걸러내지 못할 만큼 손상되었다는 소리를 들었다. 혈액투석은 물론 평생 의료처치를 받아야 한다는 만성신부전증을 진단받게 되었다.

다행히 몇 년 전에 실손의료비 보험을 가입해두었기 때문에 병원비는 해결할 수 있었다. 하지만 이과로 씨는 앞으로 일을 하는 것이 힘들어졌다. 더군다나 외벌이였기 때문에 소득단절로 가족이 경제적으로 큰 위기에 처하게 된다. 이런 만성신부전증으로 인한 혈액투석 후유장해지급률은 75%이다. 질병후유장해(3% 이상) 담보를 1억 원으로 가입했다면, 7,500만 원의 보험금을 지급받게 된다.

앞의 3가지 사례 외에도 암발병으로 인해 위, 대장, 췌장 등의 장기를 전부 절단하게 되면, 후유장해지급률 50% 진단을 받게 된다. 알츠하이머 치매로 인해 CDR척도 4점을 받을 경우에는 80% 후유장해 진단을 받게 된다. 이렇게 최근에 질병으로 인한 후유장해가 더욱 빈번하게 발생하고 있다.

그밖에 사례도 있다. 상해후유장해는 교통사고와 같이 급격/우연/외래로 발생하는 사고로 인하여 신체에 후유장해가 남았을 경우, 후유장해지급률에 따라 보험금을 지급한다. 이때 후유장해가 여러 부위에 동시에 발생하기도 한다. 예를 들어 대형 전자제품 할인점에 근무하던 박낙상 씨가 사다리 위에 올라가 물건을 내리던 중 중심을 잃고 뒤로 넘어지는 사고를 당했다. 사고로 허리뼈 및 골반이 골절되고 발목뼈까지 부러져 장해를 남긴 큰 부상이었다. 이런 경우 허리뼈 및 골반의 골절은 후유장해 40%, 발목뼈 골절/장해는 10%의 후유장해 진단을 받게 된다. 박낙상 씨가 상해후유장해 진단금 1억 원을 가입했다면, 보험금은 얼마를 받게 될까?

후유장해보험금은 '다른 부위는 합산, 같은 부위는 높은 것'이라는 원칙으로 지급한다. 박낙상 씨는 척추와 발목이라는 서로 다른 곳에 2가지 후유장해가 발생했다. 그렇기 때문에 척추 후유장해 40%에 해당하는 진단금 4천만 원과 발목뼈 후유장해 10%에 해당하는 진단금 1천만 원을 합산해, 총 5천만 원의 보험금을 지급받게 된다.

앞에서 언급한 바와 같이 후유장해는 사망보다 더 치명적일 수 있는 위험이다. 반면에 보험료는 사망보장에 비해 훨씬 저렴하다. 우리나라의 중대질병인 암, 뇌혈관질환, 심혈관질환, 당뇨병, 백내장 등의 안과질환, 알츠하이머 등의 치매, 비뇨생식기질환 등이 모두 후유장해 상태로의 진행을 상당 부분 포함하고 있다. 이를 보면 미래의 경제적인 위험을 대비하는 보험가입 목록에서 '후유장해'는 절대 빠져서는 안 되는 필수 보장인 것이다.

그러므로 일반적으로 많이 가입되어 있는 상해후유장해뿐만 아니라 질병후유장해도 얼마나 가입되어 있는지 꼭 확인해봐야 한다. 만약 내가 유전적으로 고혈압, 고지혈, 당뇨 같은 만성질환에 노출되어 있을 가능성이 높다면, 질병후유장해는 반드시 챙겨야 한다.

Chapter 6

생존보험 핵심 꿀팁

실손의료비 보험은
왜 중요할까?

보건복지부 보도자료에 따르면 2020년 말 기준으로 국내 실손의료비 보험 가입자는 3,900만 명이다. 2020년 말 기준 국내 인구 수가 5,183만 명인 점을 감안하면, 전체 인구의 약 75%가 가입하고 있는 대표 보험이 바로 실손의료비 보험이다. 이렇게 많은 사람이 의무보험도 아닌 실손의료비 보험을 민영 보험사에서 자발적으로 가입하는 이유는 무엇일까?

첫째, 국민건강보험의 단점을 보완해준다. 국민건강보험은 국가에서 운영하는 보험으로 매월 정해진 보험료를 납부하고, 병원, 약국 등에서 의료서비스를 이용하면 발생하는 비용을 지원해준다. 그런데 국민건강보험은 의료서비스 중 급여 항목만 지원이 가능하고, 비급여 항목에 대해서는 지원이 불가하다. 그래서 비급여 항목에 대한 치료비는 고스란히 환자의 부담으로 돌아오게 된다.

이런 단점을 보완해주는 것이 바로 실손의료비 보험이다. 실손의료비 보험은 급여 항목뿐만 아니라 비급여 항목에 대해서도 일정한 자기부담금을 제외하고 보장받을 수 있다. 비급여 항목은 환자가 지불해야 하는 치료비 부담이 큰 만큼, 실손의료비 보험가입을 통해 대비할 필요가 있다.

둘째, 보장범위가 넓다. 실손의료비 보험은 보장에서 제외되는 몇 가지 경우(정신과 질환, 항문 질환, 임신 및 출산 관련 질환 등)를 제외하고는 현존하는 보험 중 가장 많은 영역의 의료비를 담보해준다. 보통 수술, 입원과 같은 정액 보장은 보상받을 수 있는 수술이나 입원의 종류를 회사별로 정하고 있어, 새로운 질병이나 약관에서 정하지 않은 질병에 대해서는 보장받을 수 없다. 예를 들면 필자의 지인은 하지정맥류 치료를 위해 '레이저정맥 폐쇄술'을 받고 수술비보험을 청구했으나 보험금을 지급받지 못했다. 그 이유가 궁금해 보험사에 문의했더니 약관에서 규정한 수술에 해당되지 않아 보험금을 지급할 수 없다는 답변을 받았다. 반면에 실손의료비 보험에서는 보장받을 수 있었다. 그러므로 정액보험에 대한 단점을 실손의료비 보험으로 보완하는 게 필요하다.

셋째, 입원뿐만 아니라 통원까지 보장해준다. 크게 아프거나 다치면 입원을 해서 수술이나 처치를 받지만, 최근에는 의료기술의 발달 등으로 입원보다는 통원 치료를 받는 경우가 많아지고 있다. 암 환자의 경우에도 수술을 하고 2주가 지나기도 전에 퇴원해 정기적으로 통원 치료를 받는 경우가 대부분이다. 또한 지속적으로 통원치료를 받아야 하는 노인성 질환 또는 만성질환자들에게도 통원 시 발생하는 치료비를 보장받을 수 있는 실손의료비 보험은 큰 힘이 된다.

이런 이유로 실손의료비 보험은 가장 먼저 준비해야 하는 '국민 보험'이다. 아직까지 가입을 망설이고 있다면 하루 빨리 가입하기를 추천한다. 하지만 그 어떤 보험보다 보장의 폭이 넓은 만큼, 그 어떤 보험보다 작은 질병에도 가입이 거절될 수 있다는 걸 꼭 명심하기 바란다.

실손의료비 보험, 어떻게
선택해야 할까?

실손의료비 보험은 2009년 10월 표준 약관 제정 이후, 현재까지 모든
보험사가 동일한 상품을 판매하고 있지만 보험료는 보험사마다 제각
기 다르다. 그렇다면 실손의료비 보험을 선택할 때 보험료가 가장 저렴
한 보험사에 가입하는 것이 최선일까? 우리나라 속담에 "싼 게 비지
떡"이라는 말이 있다. 정말 그럴까? 지금부터 실손의료비 보험가입 시
보험료 외에 고려해야 할 내용을 살펴보겠다.

　제일 먼저 알아둘 것은 실손의료비 보험은 어느 회사에 가입하든
갱신형으로만 가입이 가능하다는 것이다. 갱신형은 정해진 시점마다
보험료를 다시 산정하는 상품으로, 대부분 갱신 시점에 보험료가 오
른다. 실손의료비 보험도 마찬가지로 가입 상품에 따라 가입 후 1년, 3

년, 5년 정해진 시점마다 보험료가 오른다.

그렇다면 왜 갱신시점에 보험료가 인상될까? 크게 2가지 요인이 있다. 하나는 연령 증가에 따른 위험률 증가분이고, 다른 하나는 회사별로 갱신시점까지 발생한 손해율 증가분이다. 정리해보면 실손의료비 갱신 보험료는 '연령 증가분 + 손해율 증가분'을 반영해서 결정된다. 그런데 연령 증가분은 회사별로 큰 차이가 없지만 손해율 증가분은 큰 차이가 있다. 즉, 최초 가입 시 보험료가 가장 저렴해서 선택했더라도 갱신할 때마다 계속 가장 저렴하지 않을 수도 있다는 말이다. 이게 바로 "싼 게 비지떡"이 되는 순간이다.

실손의료비 보험은 최대 100세까지 갱신시점마다 오르는 보험료를 계속 납입해야 하는 상품이다. 그래서 가입 당시 저렴한 보험사보다는 가입 이후에도 지속적으로 저렴할 수 있는 보험사를 선택하는 것이 중요하다. 그렇다면 어떤 회사를 선택하는 것이 좋을까? 결론은 손해율 관리를 잘하는 회사를 선택하면 된다. 손해율 관리는 2가지가 중요하다.

첫 번째는 언더라이팅이다. 언더라이팅이란 일정한 심사 기준을 통해 위험 요소를 가진 가입자를 걸러내는 것이다. 아무래도 건강한 가입자를 많이 확보한 회사가 손해율이 낮아질 수밖에 없는데, 실제로 회사별로 언더라이팅 기준이나 노하우가 다른 것이 현실이다. 그래서 가입시점에는 좀 번거로울 수 있어도, 깐깐한 언더라이팅 과정을 거치는 회사에 가입하는 것이 장기적인 손해율 관리 측면에서 유리하다.

두 번째는 보상이다. 만약에 보험사가 잘못된 보험금을 과다지급하는 일이 많거나 보험사기를 잘 걸러내지 못한다면 회사는 당연히 손해율이 높을 수밖에 없다. 정확한 보험금을 신속하게 지급하되, 보험료 과대지급이나 보험사기를 잘 걸러내는 회사를 선택하는 것이 중요하다.

그렇다면 이런 보험사를 어떻게 구분할까? 가장 중요한 것은 회사의 규모와 시스템이다. 규모가 작은 회사보다 규모가 큰 회사가 아무래도 더 많은 언더라이팅 인력과 보상 인력을 보유하고 있다. 또한 규모가 큰 회사일수록 많은 수의 가입자를 보유하고 있는 만큼, 손해율 관리 측면에서 많은 노하우가 있다. 각 회사별 실손의료비 보험 손해율은 손해보험협회 홈페이지에 접속해 '공시실 → 상품비교공시 → 실손의료보험 → 보험료 인상률 및 손해율 공시'를 통해 직접 확인할 수 있을 것이다.

실손의료비 보험은 갱신할 때마다 보험료가 인상되는 단점이 있는 상품이다. 그래서 가입보다는 유지가 중요한 상품이기도 하다. 처음에는 타사와 비교해 가장 저렴했던 보험료가 갱신을 거듭할수록 타사보다 비싸질 수도 있다는 걸 명심하고 상품을 선택해야 한다.

실손의료비 보험가입 연도로
내 보험의 장단점을 파악하라

실손의료비 보험은 출시 이후 지금까지 계속 변하고 있다. 큰 틀에서 보면 '상해(입원/통원)와 질병(입원/통원)'이라는 보장은 유지하면서, 세부적으로는 '보상해주는 손해와 자기부담금'의 변화가 주를 이루고 있다. 그래서 상품명이 똑같은 실손의료비 보험이라고 하더라도 가입시점에 따라, 즉 언제 가입했느냐에 따라 세부 보장내용은 상당한 차이가 있다. 이해의 편의를 높이기 위해 가입시기별로 1세대, 2세대, 3세대, 4세대로 구분하기도 한다. 지금부터는 이런 세대별 실손의료비 보험의 차이에 대해 살펴보겠다.

 1세대(~2009년 7월)는 흔히 표준화 이전의 실손의료비 보험이라고 한다. 보통 해지보다는 유지를 권유하는 사람이 많은 상품이다. 그 이유로 자기부담금을 장점으로 꼽는데, 입원의 경우 환자 부담분 전액, 통원의 경우 단돈 5천 원을 제외한 금액을 보장받을 수 있기 때문이다. 보상에 있어서는 한방병원에서 입원치료는 보장 가능하지만 통원치료는 보장이 불가능하다. 치주질환치료의 경우에도 보장이 불가능하다. 2세대부터는 한방 및 치주질환 치료에 대해 급여 부분은 보장받을 수 있게 변경되었다.

2세대(2009년 10월 ~ 2017년 3월)는 모든 보험사가 동일한 보장의 실손의료비 보험을 판매하기 시작한 시점이다. 1세대는 같은 시기에 가입했더라도 가입 회사가 다르면 보장의 차이가 있었지만, 2세대부터는 가입한 시기가 같으면 가입 회사가 다르더라도 보장은 같게 된 것이다.

세부적으로는 자기부담금의 경우 시기별 변화가 있다. 환자 본인 부담분 중 2009년 10월부터 2015년 8월까지는 '입원 10%/통원 1만~2만 원/처방조제비 8,000원', 2015년 9월부터 2017년 3월까지는 '입원 급여 10%/비급여 20%/통원 MAX(1~2만 원 or 급여 10%, 비급여 20%)/처방조제비 MAX(8,000원 or 급여 10%, 비급여 20%)'를 제외한 금액을 보장받을 수 있다. 보상에서 2016년 1월부터 백내장 치료의 경우 비급여 재료대는 제외되고, 일부 정신질환의 경우 급여에 한해 보상이 가능해졌다.

3세대(2017년 4월 ~ 2021년 6월)가 출시된 배경에는 1~2세대를 거치면서 발생한 높은 손해율 문제가 있었다. 이는 높은 보험료 인상률로 이어졌다. 이를 안정화시키기 위해 손해율이 높은 일부 치료에 대해 3대

도표 6-1 실손의료비 세대별 보상 내용 비교

구분		1세대	2세대		3세대		4세대
		~2009년 7월	2009년 8월~2013년 3월	2013년 4월~2015년 8월	2015년 9월~2017년 3월	2017년 4월~2021년 6월	2021년 7월~
갱신주기		5년 자동갱신	3년 자동갱신	1년 갱신	1년 갱신	1년 갱신	1년 갱신
보장기간		기본계약 만기 준용	기본계약 만기 준용	15년만기(최대100세)	15년만기(최대100세)	15년만기(최대100세)	5년만기(최대100세)
자기 부담금	입원	0%	10%	선택형 10%	"선택형II (급여 10%, 비급여 20%)"	"선택형II (급여 10%, 비급여 20%)"	급여 20%, 비급여 30%
	외래	5천 원	의원 1만, 병원 1.5만, 상급병원 2만	의원 1만, 병원 1.5만, 상급병원 2만	"Max (1~2만 또는 급여 10%, 비급여 20%)"	"Max (1~2만 또는 급여 10%, 비급여 20%)"	급여 : Max (1~2만 또는 20%) 비급여 : Max (3만 또는 30%)
	처방조제	5천 원	8천 원	8천 원	"Max (8천 원 또는 급여 10%, 비급여 20%)"	"Max (8천 원 또는 급여 10%, 비급여 20%)"	
비급여 도수치료 등		-	-	-	-	Max(2만 원 또는 30%)	Max(3만 원 또는 30%)
비급여 MRI/MRA		-	-	-	-	Max(2만 원 또는 30%)	Max(3만 원 또는 30%)
비급여 주사료		-	-	-	-	Max(2만 원 또는 30%)	Max(3만 원 또는 30%)
보상 변천사	직장 또는 항문 질환	X	○ (급여)	○ (급여)	○ (급여)	○ (급여)	○ (급여)
	한방 입원	○	○ (급여)	○ (급여)	○ (급여)	○ (급여)	○ (급여)
	한방 통원	X	○ (급여)	○ (급여)	○ (급여)	○ (급여)	○ (급여)
	치주질환(입+통원)	X	○ (급여)	○ (급여)	○ (급여)	○ (급여)	○ (급여)

비급여 특약으로 분리해, 자기부담금을 높여 무분별하게 이루어지는 의료 쇼핑 등을 막고자 하였다. 이런 취지 때문인지 흔히 3세대 실손을 '착한실손'이라고 부르기도 한다. 3대 비급여 특약은 비급여 도수치료, 주사제, MRI가 해당되는데 이는 입원, 통원 구분 없이 MAX(2만 원, 본인부담분 30%)를 제외한 금액을 보장받을 수 있다.

4세대(2021년 7월 ~)는 계속되는 손해율 악화 때문에 특단의 조치로 나온 상품이다. 높은 손해율의 주범인 비급여를 관리하기 위해 기존 입원·통원이라는 보장의 틀을 급여, 비급여로 변경하였다. 즉 입원·통원과 상관없이 연간 가입금액 범위 내에서 급여는 최대 20%, 비급여는 최대 30%를 제외한 금액을 보장받을 수 있다. 보상에서는 불임 관련 질환, 선천성 뇌질환, 치료성 피부질환 등에 대해 일정 기준 충족 시 이전 실손과 달리 보상이 가능하다. 또한 모든 실손의료비 보험 중 가장 저렴한 상품이다. 차등제 적용으로 비급여 항목 청구가 없다면 매년 보험료가 할인되며, 2년간 보험금 청구 이력이 없으면 '무사고 할인'까지 중복으로 챙길 수 있다.

자, 지금 당장 내가 가입한 실손의료비 보험증권을 확인해보자. 증권을 찾을 수 없다면 담당 설계사 또는 가입된 보험사에 직접 물어보자. 다음 3가지 질문으로 꼭 체크해야 한다.

① 입원 시 환자부담 의료비의 몇 %를 보상해주는가?

② 통원 시 보상이 제외되는 공제금액은 얼마인가?

③ 연간 보상한도는 얼마인가?

실손의료비만으로는
보장이 충분하지 않다

실손의료비 보험은 단일 보험으로는 보장의 범위가 가장 넓은 상품이다. 앞에서 살펴본 것처럼 입원 및 통원 치료에 대해 급여뿐만 아니라, 비급여 비용까지 보상받을 수 있기 때문이다. 그러다 보니 고객이 가입을 꺼리는 보통의 보험과 달리, 고객이 가입을 희망하는 특별한 보험이기도 하다. 그렇다면 이렇게 보장범위가 넓은 실손의료비 보험에 가입되어 있다면, 다른 보험은 없어도 되는 것일까? 잘 알겠지만, 아니다! 지금부터 왜 실손의료비 보험만으로는 보장이 충분할 수 없는지 살펴보겠다.

첫째, 실손의료비 보험은 말 그대로 실제 손해 금액을 기준으로 보상해준다. 심지어 그 손해액도 전액 다 보상해주는 것이 아니라, 일정 자기부담금을 제외하고 보상해준다. 앞에서 세대별 실손의료비 보험을 살펴보면서 계속되는 손해율 악화로 자기부담금 비율이 증가하고 있다는 사실을 알 수 있었다. 특히 현재 판매되고 있는 실손의료비 보험은 비급여 치료에 대한 자기부담금 비율이 최대 30%로 부담이 클 수밖에 없다. 그런데 최근 의료기술 발달로 치료 효과가 높은 수술 등은 환자가 비용을 전액 부담하는 비급여 치료가 증가하고 있다. 만약 실손의료비 보험에만 가입되어 있다면, 아무리 치료 효과가 높다고 하더라도 자기부담금 비율이 높은 비급여 치료를 선택하기가 쉽지 않을 것이다.

둘째, 실손의료비 보험은 모든 회사가 동일하게 갱신형으로 운영하고 있다. 가입시기별로 갱신주기에 차이는 있지만, 현재 판매되고 있는 실손의료비 보험은 1년 단위로 갱신된다. 문제는 갱신될 때마다 보험료 인상에 대한 부담이 높아진다는 것이다. 특히 치료비가 많이 들어가는 높은 연령으로 갈수록 보험료 인상폭은 커질 수밖에 없다. 건강보험공단의 2020년 〈2020 건강보험 주요통계〉 자료를 보면, 65세 이상 인구가 쓴 건강보험 진료비가 전체 진료비의 43%를 넘었다고 한다. 결국 실손의료비 보험이 꼭 필요한 나이에 보험료 부담으로 더 이상 보험을 유지할 수 없는 상황이 생길 수 있다는 것이다.

그렇다면 이런 문제점을 어떻게 보완할 수 있을까? 정액보험을 활용하면 보완이 가능하다. 정액보험이란 보험사고의 발생으로 지급되는 보험금 액수가 가입 당시 확정되어 있는 보험을 말한다. 정액보험 속 진단/수술/입원 담보 가입을 통해 실손의료비 보험에서 보장받지 못한 자기부담금을 해결할 수 있다. 또한 정액보험은 '20년납/100세 만기' 같은 비갱신형으로 가입이 가능하여, 소득이 많이 발생하는 시기에 보험료 납입을 완료하고 원하는 시점까지 보장받을 수 있다. 납입이 완료된 정액보험이 있다면, 향후 치료비가 많이 들어가는 시기에 실손의료비 보험을 유지할 수 없게 되더라도 발생한 의료비 일부를 정액보험에서 보장받을 수 있게 되는 것이다. 비갱신형 정액보험은 동일 보장을 가입하더라도 가입 연령에 따라 보험료 차이가 크다. 실손의료비 보험만 가입되어 있다면 비갱신형 정액보험을 하루라도 빨리 준비하는 것을 추천한다.

담보의 차이를 알아야
보장이 보인다

모든 보험의 담보는 성격에 따라 여러 가지로 구분할 수 있다.

첫 번째, 보험금의 지급 방식에 따라 정액형 담보와 실손형 담보로 구분된다. 정액형 담보는 지급보험금이 정해져 있는 담보고, 실손형 담보는 정해진 한도 내에서 실제 발생한 손해액만큼 보상하는 담보다. 실제로 기존에 우리가 가입한 보험의 담보는 90%가 정액형 담보라고 생각하면 된다. 보상에서 가장 큰 차이점은 정액형 담보는 대부분 중복보상이 가능하지만, 실손형 담보는 중복보상이 불가하다는 데 있다.

예를 들어 A사에 암 진단금 2천만 원과 B사에 암 진단금 3천만 원이 가입되어 있다면, 암 발병 시 5천만 원을 받게 된다. 하지만 A사에 실손입원의료비 5천만 원, B사에 실손입원의료비 5천만 원이 가입되어 있다면, 의료비 1천만 원 발생 시 각각 500만 원씩 지급받아 1천만 원 이상을 보상받을 수가 없는 것이다(100% 보장하는 실손보험이라고 가정). 현재는 실손형의료비보험 같은 실손형 담보는 타사 중복가입 여부를 체크한 후에야 가입이 가능하지만, 2010년 이전만 해도 중복가입 여부를 체크하지 않았다. 따라서 실손형 담보는 중복가입 여부를 반드시 따져봐야 한다.

더 중요한 건 정액형 담보는 현재나 먼 미래에나 보장금액이 변하지 않는다는 것인데, 이는 물가상승에 의한 가치하락을 피할 수가 없다는 것이다. 반면에 실손형 담보는 보장금액 내에서는 실제로 나간 손해를 보상하기 때문에 미래 물가상승에 대비할 수 있다는 장점이 있다.

두 번째는 보험 담보의 지속성 여부에 따라 일회성 담보와 지속성 담보로 나눠진다. 일회성 담보는 1회만 보장하고 소멸되는 담보이다. 마치 성냥과 같다. 반면에 지속성 담보는 정해진 한도 내에서는 지속적으로 반복보장이 가능하다. 이는 성냥이 아닌 라이터에 가깝다.

대표적인 일회성 담보는 암 진단금이 있다. 보통 암 진단금 같은 주요 질병 진단금 옆에는 '최초1회한'이라는 수식어가 붙는다. 사망보험금 또한 성격상 일회성 담보다. 사람이 두 번 죽는 일은 없기 때문이다. 지속성 담보는 대표적으로 수술비와 입원급여금(입원일당)을 꼽을 수 있다. 회사마다 각각 다르지만 수술비는 수술회당(연간 1회한인 경우도 더러 있다), 입원급여금은 1년에 90일 한도로, 180일 한도로, 얼마까지 보상한다고 명기가 되어 있다. 이런 지속성 담보는 보험이 유지되는 한 정해진 한도 내에서는 지속적인 지급이 가능하다.

세 번째는 보험 담보의 보험료 인상 여부에 따라 갱신형 담보와 비갱신형 담보로 나눌 수 있다. 갱신형 담보는 정해진 주기(1년, 3년, 5년, 10년, 15년, 20년, 30년 등)에는 보험료 변동이 없지만, 갱신주기가 되면 나이와 위험률을 반영해 보험료가 인상되는 담보이다. 대표적인 담보로는 갱신형 암 진단금 담보와 실손의료비 담보가 있다. 따라서 갱신형 담보를 가입할 때는 미래의 납입여력을 반드시 따져봐야 한다.

반대로 비갱신형 담보는 정해긴 기간 동안 보험료 인상이 없다. 20년납/80세만기, 10년납/100세만기 등 보장받을 기간 동안 보험료를 미리 납부하는 형태이기 때문이다. 비갱신형의 특징은 납입기간 종료 후 보험료 납입부담은 없으나, 당장 납입하는 보험료 수준이 갱신형보다 비싸다는 것이다.

결국 보험료를 미리 내느냐, 그때그때 위험률에 맞춰서 내느냐의 차이라고 보면 된다. 필자 기준에서는 수술비보험 같은 손해율이 매년 상승하는 상품은 비갱신형으로 가입해 미리 보험료를 내는 것이 좋고, 사망보험처럼 평균수명 연장으로 갈수록 보험료가 내려가는 상품은 갱신형 담보로 가입하는 것이 유리하다. 갱신형과 비갱신형 담보의 선택은 본인의 납입여력, 해당 담보의 향후 손해율에 따른 보험료 변화를 고려하여 어느 한쪽으로 치우치지 않도록 균형을 잡는 것이 필

도표 6-2 **담보 성격에 따른 보장 분류**

구분	담보	장점	단점
보험금 지급 방식	정액형	확정 보험금 수령	물가상승에 취약
	실손형	물가상승 대비	중복보상 불가
담보의 지속성	일회성	보험금이 크다	지속보장 불가
	지속성	지속보상 가능	보험금이 적다
보험료 인상 여부	갱신형	저렴한 보험료	갱신보험료 부담
	비갱신형	동일한 보험료	비싼 보험료
만기환급금 유무	환급형	만기 시 목돈마련	비싼 보험료
	소멸성	저렴한 보험료	만기환급금 없음

요하다.

마지막으로 만기환급금의 유무에 따라 환급형 담보와 소멸성 담보

로 나눌 수 있다. 환급형 담보는 만기가 되면 가입 당시 명기된 일정액

의 환급금을 지급하는 담보이다. 대다수의 만기환급형 상품은 중간

중간 금리변동에 따라 적용되는 이율이 변경되어(이를 공시이율이라 한다),

처음 가입 시 제시받은 만기환급금보다 많아지기도 하고 적어지기도

한다. 이러한 종류는 만기에 일정금액의 목돈을 만들 수 있는 장점이 있다.

반면에 소멸성 담보는 만기 시 환급금이 전혀 없다. 단순하게 보장만 받고 소멸되는 담보인 것이다. 만기가 되기 전에 중간에 해약을 하게 되면 일정금액의 환급금은 있지만, 불입액에 비해 환급률이 현저히 떨어진다.

환급형 담보와 소멸성 담보의 가장 큰 차이점은 적립보험료가 있느냐, 없느냐의 차이다. 그래서 환급형 담보는 소멸성 담보에 비해 적립보험료가 더해진 만큼 보험료가 비싸다. 결론적으로 보장과 저축을 동시에 원한다면 환급형 담보를, 순수한 보장만 원한다면 소멸성 담보를 선택하면 된다.

CI보험, 선지급
사망보험에 가깝다

아마 CI(Critical illness)보험이라는 단어를 한번쯤은 들어보았을 것이다. CI보험은 치명적 질병을 보장하는 보험으로 우리나라에 2002년부터 도입되어 판매되기 시작했다. 치명적 질병이란 일단 발병하면 생명에 위협을 주고, 치료비 또한 어마어마하게 들어가는 질병을 뜻한다. 대표적인 중대한 질병으로는 중대한 암, 중대한 뇌졸중, 중대한 급성심근경색증, 말기신부전증, 말기간질환, 말기폐질환이 있고, 중대한 화상 및 부식(신체표면 20% 이상이거나 3도 이상 화상이나 부식), 중대한 수술(관상동맥우회술, 심장판막수술, 5대 장기 이식수술 등)이 있다.

〈도표 6-3〉에 명기된 치명적인 질병은 일반적인 질병보다 치료비용 및 기간이 많이 소요된다. 그래서 보험의 필요성 측면으로 볼 때 CI

도표 6-3 **CI보험의 보험금 지급대상**

구분	보상 질병
중대한* 질병	중대한 암, 중대한 뇌졸중, 중대한 급성심근경색증, 말기 신부전증, 말기 간질환, 말기 폐질환 등
중대한 수술	관상동맥우회술, 대동맥류인조혈관치환수술, 심장판막수술, 5대 장기(간장, 신장, 심장, 췌장, 폐장) 이식수술
중대한 화상 및 부식	신체 표면의 최소 20% 이상의 3도 화상 또는 부식을 입은 경우

· '중대한'의 정의: 회사별 판매 약관에 따라 일부 다르나 중대한 암의 경우 통상 악성종양세포의 침윤파괴적 증식이 있고, 종양의 크기가 일정 기준 이상인 암에 한정함(단, 피부암, 초기 전립샘암, 갑상샘암 등 제외)

담보들은 가장 먼저 준비해야 할 담보일 것이다. CI보험 초기에는 민원이 많이 발생했다. 대부분 CI에 대한 잘못된 이해에서 비롯되었다. 'CI'라는 용어는 '치명적, 중대한, 주요한'이란 뜻으로, 각 보험사에서 쓰이는데 말 그대로 치명적인 보장을 담보하는 것이다. 그래서 대부분 보장 영역이 일반 담보에 비해 협소하다.

〈도표 6-4〉를 보자. 예를 들어 뇌졸중 진단금 앞에 '치명적, 중대한, 주요한'이란 단어가 붙으면 뇌졸중에서도 치명적인 뇌졸중만 보장한다는 얘기다. 이때 '치명적, 중대한, 주요한'이 붙은 담보의 보장금액은 일반 담보보다 클 수는 있지만, 보상의 범위는 줄어든다는 것을 인지

도표 6-4 **CI보험 보장대상 질병의 정의**

중대한 암 | 악성종양세포가 존재하고 또한 주위 조직으로 악성종양세포의 침윤파괴적 증식으로 특징지을 수 있는 악성종양(초기 전립샘암 등 일부 암 제외)

중대한 뇌졸중 | 거미막밑출혈, 뇌내출혈, 기타 비외상성 머리내 출혈, 뇌경색이 발생하여 뇌 혈액순환의 급격한 차단이 생겨, 그 결과 영구적인 신경학적 결손이 나타나는 질병

중대한 급성심근경색 | 관상동맥의 폐색으로 말미암아 심근으로의 혈액공급이 급격히 감소되어 전형적인 흉통의 존재와 함께 해당 심근조직의 비가역적인 괴사를 가져오는 질병(발병 당시 다음 2가지 특징을 요함).
• 전형적인 급성심근경색 심전도 변화가 새롭게 출현
• CK-MB검사를 포함한 심근효소가 발병 당시 새롭게 상승

하고 있어야 한다.

〈도표 6-5〉는 금융감독원에 접수된 민원사례. 잘 보면 가입 당시 '치명적, 중대한, 주요한'이라는 담보를 잘 이해하지 못해 보상을 받지 못한 사례임을 알 수 있다. 일반적인 뇌졸중 담보를 가입했으면 충분히 보상받을 수 있는 사례지만, 중대한 뇌졸중 담보였기 때문에 지급이 거절되었다는 사례다. 중대한 뇌졸중은 '영구적인 신경학적 결손'이 나타나야 한다는 이유에서다. 사실 이런 의학용어는 보험설계사조차도 생소한 경우가 많아서, 일반인들은 구별하기가 더욱 쉽지 않다.

도표 6-5 CI보험 민원 사례

그러므로 보험을 들 때는 보장금액 크기만 비교해서는 안 된다. 보장하는 범위에 대해서도 관심을 가져야 한다. 치명적, 중대한, 주요한 담보가 들어가는 담보이면 일반 담보보다 일반적으로 보상금액은 크지만, 보장범위가 작다는 점을 꼭 기억하고 있어야 한다.

또한 CI보험금을 지급받았다면 주계약에서 보험금을 지급하기 때문에, CI 진단 후 사망 시 받게 되는 보험금은 CI 진단금만큼 줄어들게 된다. 예를 들어 50% 선지급형 CI보험을 주계약 1억 원으로 가입했다면, CI 사유 발생 시 5천만 원, 그리고 사망 시 5천만 원을 받게 된다. 실제로 그냥 사망하나 CI에 걸려서 사망하나 수령하는 보험금은 동일하다. 그래서 CI보험은 진단금보험이 아닌 선지급 사망보험으로 이해하는 것이 합리적이다.

암보험, 어떻게 해야
제대로 가입할까?

우리나라 사망 원인 중 연령별, 성별 1위는 독보적으로 암(악성신생물)이다. 다음에 나오는 〈도표 6-6〉과 〈도표 6-7〉을 보면 확인할 수 있다. 그만큼 암은 생존과 직결되는 질병이고 그에 따른 치료비용도 많이 들어갈 수밖에 없다. 최근에는 치료기술 발달로 암환자의 5년 이상 생존율이 70% 수준으로 높아졌지만, 그래도 아직까지 부동의 사망 원인 1위는 암이다.

일단 암이 발생하면 3가지의 단계를 거친다. 첫 번째는 진단을 받고 필요에 따라 수술을 하게 된다. 두 번째는 재발방지를 위해 항암치료(방사선 및 약물)를 받게 된다. 마지막 세 번째는 재발이나 전이가 되어 완치가 불가하게 되면 사망에 이르게 된다. 의학기술의 발달에 따라 암

도표 6-6 **성별 사망 원인 순위**

(단위: 인구 10만 명당 1명, %)

	남자		여자	
암	198.5	1위	121.9	암
심장질환	62.3	2위	63.7	심장질환
폐렴	47.2	3위	43.6	뇌혈관질환
뇌혈관질환	41.5	4위	39.5	폐렴
고의적 자해(자살)	35.5	5위	20.5	알츠하이머병
간질환	20.3	6위	16.1	당뇨병
당뇨병	16.9	7위	15.9	고혈압성 질환
만성하기도 질환	14.4	8위	15.9	고의적 자해(자살)
운수사고	11.5	9위	13.7	패혈증
패혈증	10	10위	7.7	만성하기도질환

· 2020년 통계청

치료법이 개발되어서 치료기간은 늘어나고, 이에 따라 암생존율도 증가하게 되었다. 따라서 암은 단순 치료비뿐만 아니라 치료기간 동안의 생계비, 완치가 안 되었을 경우 사망보험금까지 고려해야 한다. 그래서 다른 보험보다 중요도가 매우 높다고 할 수 있다.

게다가 이제 암치료도 장기화되는 경향이 높아졌다. 그래서 앞으로 암은 불치병이라기보다 오랜 기간 치료비와 생활비라는 괴물과 싸워야만 하는 만성질환으로 생각해야 한다. 좀 더 자세하게 암과 관련된

도표 6-7 연령별 5대 사망원인

(단위: 인구 10만 명당 명, %)

구분	1위	2위	3위	4위	5위
0세	출생전후기에 기원한 특정 병태 116.7 (48.5%)	선천 기형, 변형 및 염색체 이상 41.1 (17.1%)	영아 돌연사 증후군 21.4 (8.9%)	가해(타살) 6.1 (2.5%)	패혈증 1.8 (0.7%)
1-9세	악성신생물 1.6 (18.0%)	운수사고 0.7 (8.0%)	가해(타살) 0.6 (7.3%)	추락 0.6 (6.4%)	선천 기형, 변형 및 염색체 이상 0.5 (6.1%)
10-19세	고의적 자해(자살) 6.5 (41.1%)	악성신생물 2.2 (14.0%)	운수사고 2.0 (12.9%)	심장질환 0.5 (3.4%)	익사 사고 0.3 (2.1%)
20-29세	고의적 자해(자살) 21.7 (54.4%)	악성신생물 4.1 (10.2%)	운수사고 3.8 (9.4%)	심장질환 1.5 (3.8%)	뇌혈관질환 0.5 (1.3%)
30-39세	고의적 자해(자살) 27.1 (39.4%)	악성신생물 13.2 (19.1%)	심장질환 4.1 (6.0%)	간질환 3.4 (4.9%)	운수사고 3.2 (4.6%)
40-49세	악성신생물 39.8 (28.3%)	고의적 자해(자살) 29.2 (20.8%)	간질환 11.5 (8.2%)	심장질환 11.2 (8.0%)	뇌혈관질환 7.5 (5.3%)
50-59세	악성신생물 113.0 (36.6%)	고의적 자해(자살) 30.5 (9.9%)	심장질환 26.2 (8.5%)	간질환 24.3 (7.9%)	뇌혈관질환 17.7 (5.7%)
60-69세	악성신생물 270.6 (42.4%)	심장질환 55.9 (8.8%)	뇌혈관질환 38.9 (6.1%)	고의적 자해(자살) 30.1 (4.7%)	간질환 24.8 (3.9%)
70-79세	악성신생물 677.5 (35.7%)	심장질환 186.8 (9.9%)	뇌혈관질환 142.9 (7.5%)	폐렴 127.7 (6.7%)	당뇨병 62.6 (3.3%)
80세 이상	악성신생물 1375.6 (17.6%)	심장질환 971.5 (12.4%)	폐렴 819.2 (10.5%)	뇌혈관질환 624.8 (8.0%)	알츠하이머병 340.9 (4.4%)

· 2020년 통계청

도표 6-8 암 5년 생존율 추이

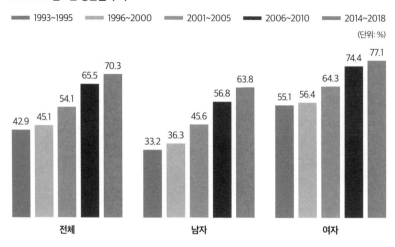

■ 1993~1995 ■ 1996~2000 ■ 2001~2005 ■ 2006~2010 ■ 2014~2018

(단위: %)

전체: 42.9 / 45.1 / 54.1 / 65.5 / 70.3
남자: 33.2 / 36.3 / 45.6 / 56.8 / 63.8
여자: 55.1 / 56.4 / 64.3 / 74.4 / 77.1

· 자료: 2020년 12월 보건복지부 보도자료

도표 6-9 주요 암종 5년 생존율

(단위: %)

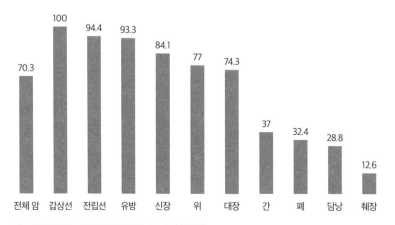

전체 암 70.3 / 갑상선 100 / 전립선 94.4 / 유방 93.3 / 신장 84.1 / 위 77 / 대장 74.3 / 간 37 / 폐 32.4 / 담낭 28.8 / 췌장 12.6

· 자료: 2020년 12월 보건복지부 보도자료(2014~2018, 남녀 전체)

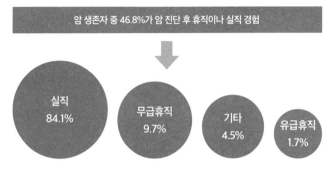

· 자료: 2013년 국가암환자 의료비 지원 사업 만족도조사

통계를 보자. 〈도표 6-10〉을 보면 암 생존자 중 46.8%가 암진단 후 휴직이나 실직을 경험했다. 그중에서 84.1%는 실직을 했고, 무급휴직이 9.7%로 뒤를 잇고 있다. 이렇게 암은 치료비뿐만 아니라 생계를 위협하는 질병이다.

암 종류에 따라 치료비가 많게는 7천만 원에서 적게는 몇 백만 원 수준으로 들어가게 된다. 그러면 국민 대다수가 보유하고 있는 암보험의 평균 진단금 2천~3천만 원은 상당히 적은 금액일 수밖에 없다. 그래서 암보험은 단순히 치료비뿐만 아니라 생활비까지 반드시 고려되어야 하고, 더 나아가 사망보험금까지 포함한 종합보장 플랜으로 접근해야 하는 것이다.

그렇다면 암보험은 어떻게 가입해야 할까? 첫 번째, 고액의 치료비뿐만 아니라 치료기간의 생계비에 대한 대비가 있어야 한다. 두 번째, 치료가 장기화되어 재발하는 경우까지 생각해야 한다. 세 번째, 아직 독립하지 못한 자녀를 둔 가장의 경우 사망보험금까지 고려하는 종합플랜이 준비되어야 한다.

다행히 최근에는 이런 추세에 맞춰 재발암 및 전이암 등 2번째로 발생하는 이차암에 대한 보장이 강화된 암보험이 출시되고 있다. 또한 암치료 기간에 맞춰 암치료비(방사선 및 약물)와 생활비를 담보하는 보험, 그리고 비교적 적은 금액으로 암으로 인한 사망에 대비한 보험들도 출시되고 있다.

남성암과 여성암, 성별마다 다른 암보장

남성과 여성은 암발생 연령 및 발생되는 암 종류에서 많은 차이를 보인다. 첫 번째로 주목해야 하는 것은 일반적으로 남성 암환자가 여성보다 많지만, 50세 이전에는 여성의 암발병률이 남성보다 높다는 것이다. 이는 여성이 주로 발생하는 유방암과 갑상선암이 다른 암에 비해 발생하는 연령이 낮기 때문이다.

대다수 암은 50세 이후에 많이 발생해 60대와 70대 환자가 제일 많다. 유방과 갑상선암 환자는 40세 이후에 많이 발생하여 50대와 60대에 정점을 찍는다. 남성과 여성이 주로 발생하는 암의 순위를 따져보면 남성은 위, 폐, 대장 순이고 여성은 유방, 갑상선, 대장 순이다(《도표 6-11》). 따라서 남성과 여성의 암보장 준비는 보장의 우선순위가 달라

도표 6-11 **성별 주요 암종 발생자수 및 발생분율**

(단위: 명, %)

발생분율	발생자수	남성 주요 암종	순위	여성 주요 암종	발생자수	발생분율
15.4	19,865	위	1	유방	23,547	20.5
15.2	19,524	폐	2	갑상선	21,924	19.1
13.0	16,686	대장	3	대장	11,223	9.8
11.5	14,857	전립선	4	위	9,414	8.2
9.1	11,728	간	5	폐	9,104	7.9
5.2	6,727	갑상선	6	간	4,008	3.5
3.1	4,020	췌장	7	췌장	3,591	3.1
3.0	3,840	담낭 및 기타담도	8	자궁경부	3,500	3.0
3.0	3,806	신장	9	담낭 및 기타담도	3,339	2.9
2.8	3,650	방광	10	자궁체부	3,182	2.8

· 국가암통계(2018)

도표 6-12 **암 종류별 담보 분류**

구분	구분	비고
일반암	유사암을 제외한 대다수의 암	
유사암	갑상선암, 기타피부암, 경계성종양, 제자리암(비침습방광암)	일반암의 10~20% 또는 별도 특약으로 분리
소액암	전립선암, 자궁암, 유방암, 방광암	
특정암(고액암)	뇌암, 혈액암, 골수암, 식도암, 췌장암 (간암, 폐암, 담낭암)	

져야 한다.

일반적으로 암은 일반암, 유사암, 소액암, 특정암(고액암)으로 분리되는데, 차이는 〈도표 6-12〉와 같다. 물론 회사별로 다소 차이가 있으므로 확인이 필요하다. 남성의 경우는 일반암+특정암 담보를 가입하는 것이 좋고, 여성은 일반암+유사암+소액암 담보를 가입하는 것이 효과적인 보험가입이 될 수 있다.

암보험만큼 중요한
2대 진단보험

통계를 보면 주요 사망 원인으로 1위가 암, 2위가 심장질환, 3위가 폐렴, 4위가 뇌혈관질환이라고 한다. 이것을 보면 암보험 다음으로 신경써야 할 것이 심장질환, 뇌혈관질환 관련 보장이다.

먼저 뇌혈관질환을 보장하는 담보를 알아보자. 대표적으로 뇌졸중 진단금과 뇌출혈 진단금이 있다. 여기서 중요하게 구별해야 하는 것은 뇌출혈과 뇌졸중의 차이점이다. 기억하기 쉽게 공식으로 표현하면, [뇌출혈+뇌경색=뇌졸중]으로 봐도 무방하다.

의학적으로 뇌경색은 '허혈성 뇌졸중'이라고 하고, 뇌출혈은 '출혈성 뇌졸중'이라고 한다. 뇌혈관이 막혀서 뇌기능이 손상되느냐, 뇌혈관이 터진 출혈로 인해 뇌기능이 손상되느냐의 차이다.

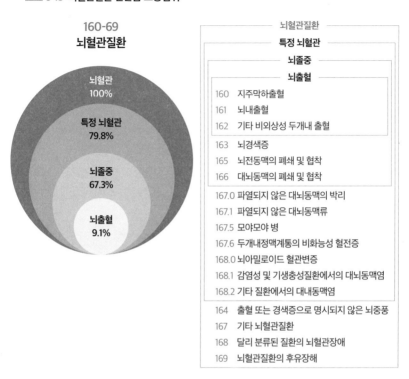

160-69
뇌혈관질환

뇌혈관
100%

특정 뇌혈관
79.8%

뇌졸중
67.3%

뇌출혈
9.1%

뇌혈관질환

특정 뇌혈관

뇌졸중

뇌출혈

160	지주막하출혈
161	뇌내출혈
162	기타 비외상성 두개내 출혈
163	뇌경색증
165	뇌전동맥의 폐쇄 및 협착
166	대뇌동맥의 폐쇄 및 협착
167.0	파열되지 않은 대뇌동맥의 박리
167.1	파열되지 않은 대뇌동맥류
167.5	모야모야 병
167.6	두개내정맥계통의 비화능성 혈전증
168.0	뇌아밀로이드 혈관변증
168.1	감염성 및 기생충성질환에서의 대뇌동맥염
168.2	기타 질환에서의 대내동맥염
164	출혈 또는 경색증으로 명시되지 않은 뇌중풍
167	기타 뇌혈관질환
168	달리 분류된 질환의 뇌혈관장애
169	뇌혈관질환의 후유장해

· 보건의료빅데이터개방시스템, 2020년 환자 수 구성

실제로 뇌졸중 관련 담보도 민원이 많은 담보 중 하나인데, 대표적인 사례가 뇌출혈 진단금을 가입하고 뇌경색 진단을 받는 경우이다. 이때는 뇌경색은 뇌졸중에는 포함되지만 뇌출혈에는 포함되지 않기 때문에 보험금이 지급되지 않는다. 그래서 뇌혈관질환 담보는 뇌출혈 진단금이 아닌 뇌졸중 진단금으로 가입해야 한다. 왜냐하면 뇌출혈보

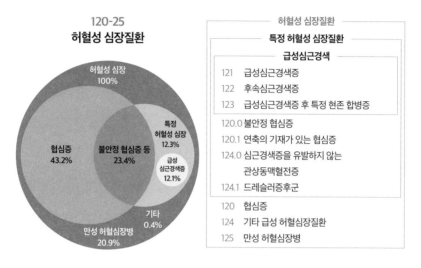

도표 6-14 **허혈성 심장질환 진단금 보장범위**

120-25
허혈성 심장질환

허혈성 심장
100%

협심증
43.2%

불안정 협심증 등
23.4%

특정
허혈성 심장
12.3%

급성
심근경색증
12.1%

기타
0.4%

만성 허혈심장병
20.9%

허혈성 심장질환

특정 허혈성 심장질환

급성심근경색

121	급성심근경색증
122	후속심근경색증
123	급성심근경색증 후 특정 현존 합병증

120.0 불안정 협심증
120.1 연축의 기재가 있는 협심증
124.0 심근경색증을 유발하지 않는
　　　관상동맥혈전증
124.1 드레슬러증후군

120 협심증
124 기타 급성 허혈심장질환
125 만성 허혈심장병

· 보건의료빅데이터개방시스템, 2020년 환자 수 구성

다 뇌경색 발병이 5배는 더 많기 때문이다. 또한 뇌혈관질환 담보는 뇌
졸중에서 보장하지 않는 '대뇌동맥류', '뇌혈관의 후유장해'를 보상하
여 뇌혈관질환 중 가장 넓은 범위를 보장하고 있다.

　허혈성 심장질환 관련 질병을 보장하는 대표적인 담보는 급성심근
경색증 진단금과 허혈성 심장질환 담보이다. 급성심근경색증은 심장
으로 가는 혈관이 좁아지는 협심증으로부터 시작된다. 발병 초기에는
스텐트 삽입술 등으로 혈관을 인위적으로 넓히는 수술을 하다가, 결
국 관상동맥우회술이라는 큰 수술까지 동반하는 질병이다. 심한 경우

에는 바로 사망에 이르기도 한다. 이런 혈관계통 질환이 급증하는 이 유는 서구화된 식생활로 인해 혈관에 문제가 생기기 때문이다.

특히 나이가 50대가 넘어서면 심혈관·뇌혈관 질환은 급격하게 증 가하브로, 이런 질환에 대한 담보를 반드시 챙겨둬야 한다. 또한 암 관 련 담보와 마찬가지로 급성심근경색증 진단금이나 뇌졸중 진단금은 단순한 진단금으로는 부족하다. 2가지 모두 다 심각한 후유장해를 남 길 수 있고 향후에 가족 생계에도 문제가 되는 중대질환이기 때문이 다. 그래서 암, 심장질환, 뇌혈관질환을 담보하는 보험에 가입할 때는 단순한 진단금뿐만 아니라 반복적인 수술비 담보를 더욱 고려해야 한 다. 여기에 생활비보장 및 사망보장 플랜까지 추가하면 더 좋다.

다만 한 가지 더 주의할 것이 있다. 앞에서 언급한 것처럼 '중대한' 뇌졸중, '중대한' 급성심근경색증의 경우 보상의 범위가 확연하게 줄 어든다는 것이다. 가입 전에 이러한 사항을 명심해서 '내가 가입한 2 대 질환 담보(진단금, 수술비)의 보장범위는 어디까지인지' 꼼꼼하게 따져 봐야 한다.

2대 질환,
수술비가 중요하다

2018년부터 보험상품의 큰 변화를 꼽자면 수술비보장의 확대다. 불과 10년 전만 해도 수술비는 진단비에 비해 보장의 금액이나 중요도에서 상당히 많이 떨어졌다. 심각한 2대 질환(뇌심) 수술의 경우에도 고작 300만~500만 원 정도의 보험금밖에 지급하지 않았다. 그러다가 최근에는 2대 질환을 포함한 다양한 다발성 질환에 대해 수술비를 반복지급하는 상품들이 등장했다.

진단금보다 수술비가 중요한 이유는 무엇일까?

첫 번째, 반복지급한다. 진단금은 대다수 최초1회한에 그치지만, 수술비는 연간 지급한도 제한이 있을지언정 최초 1회만 주는 특약은 극히 드물다.

도표 6-15 **뇌혈관 진단금 VS 뇌혈관 수술비 보험료 차이**

가입금액	납기/만기	뇌혈관질환 진단금	뇌혈관질환 수술
1천만 원	20년납/100세만기	16,648원	4,200원

· A보험사, 40세 남성 기준

두 번째, 진단비보장에 비해 수술비보장은 보험료가 상대적으로 저렴하다. 〈도표 6-15〉는 40세 남성 기준으로 A보험사의 뇌혈관질환 진단금 1천만 원과 뇌혈관질환 수술 1천만 원의 보험료를 비교한 것이다. A보험사 기준대로라면 수술비보장이 진단비보장보다 12,000원 정도 저렴한 것이다.

그러므로 2대 질환에 대한 보장을 준비하기 위해서는 진단금 못지않게 수술비 플랜이 중요하다. 2대 진단 수술비를 가입할 때 꼭 살펴봐야 하는 보장내용은 다음과 같다.

① **보장범위**: 뇌혈관질환(I60~69), 허혈성 심장질환(I20~25) 외에도 허혈 외 심장질환에 해당하는 기타 형태의 심장병(I30~52)이 보장되는 지 확인해야 한다.
② **1년 이내 감액여부**: 보험을 가입하고 1년 이내에 수술을 시행할 경우 가입금액의 50%가 감액 지급되는지 확인해봐야 한다.

③ 관혈 및 비관혈 수술 차등 여부: 관혈수술은 '치료를 직접적인 목적으로 의료기구를 사용하여 생체에 절단, 절제 등의 조작을 가하는 것'을 말한다. 요즘 많이 시행되는 복강경, 흉강경 수술을 포함한다. 그런데 2대 질환의 경우 관혈 수술보다 비관혈 수술의 시행이 다소 많은 것이 현실이다. 그러므로 2대 질환은 비관혈 수술의 경우 얼마가 나오는지 꼭 따져봐야 한다. 2대 질환의 비관혈 수술로는 대표적으로 스텐트 삽입술, 전극도자절제술, 코일색전술 등이 있다(대부분 서혜부 대퇴동·정맥을 통해 카테터를 삽입해 시행하는 수술).

2대 질환은 보통 고혈압, 고지혈, 당뇨 등 기저질환이 있는 환자들에게 많이 발생하는 질환이다. 재발 및 후유장해에 노출될 경우가 많으므로 반복적으로 보험금이 지급되는 수술비 담보가 중요하다고 할 수 있다. 2대 질환을 보장하는 대표적인 수술비보장으로 '심뇌혈관수술비, ○○○대 수술비, 5대 기관 수술비' 등이 있다.

3대 진단보험,
갱신형 or 비갱신형?

3대 진단금(암뇌심) 보장을 가입할 때 가장 많이 고민하는 것 중 하나가 보험료일 것이다. 보장을 좋게 하자니 보험료가 비싸고, 보험료를 싸게 하려고 갱신형을 택하자니 나중에 보험료가 인상될 것이 두려운 것이 소비자들의 심리다. 그렇다면 어떻게 가입하는 것이 현명한 선택일까? 그 기준에 대해서 알아보도록 하자.

일단 40세 남성 기준으로 3대 진단금 중 주요 담보에 대한 가격은 〈도표 6-16〉과 같다. 도표와 같이 3대 진단금 담보를 1천만 원씩만 가입하려고 하면, 비갱신형(20년납/100세만기) 보험료는 74,000원 가량이 된다.

자, 이제 똑같은 기준으로 나이만 50세 남성으로 바꿔보자. 그러면

〈도표 6-17〉과 같이 보험료가 산출된다. 이번 보험료는 무려 11만 원이 넘는데, 보험료가 엄청 뛰었다. 그런데 여기서 생각해볼 것이 있다. 똑같이 1천만 원으로 보장받는데 어떤 담보는 3,000원이 필요하고(유사암담보), 어떤 담보는 49,000원이 필요하다(재진단암담보). 이때 보험료가 높다는 것은 그만큼 수령할 확률이 높다는 것이고, 보험사 입장에서는 손해율이 높은 담보가 된다.

그런데, 여기서 한 번 계산을 해보자.

우선 50세 남성의 경우 재진단암 진단금 1천만 원을 보장받기 위해, 대략 '49,334원×12개월×20년 =1,184만 원'의 보험료를 내야 한다. 물론 재진단암 진단금은 다른 담보와 달리 암이 남아 있다면 2년마다 반복해서 지급이 가능하다. 그래도 1천만 원 보장을 위해 1,184만 원을 내야 한다는 것은 다소 비합리적이다. 이럴 경우 기준이 필요하다. 받을 수 있는 보험금 대비 내야 하는 총 보험료가 30% 미만일 경우에는 비갱신형을 고려하고, 30%를 초과한다면 갱신형을 고려하는 것이 좋은 선택일 수 있다.

결국, 나이가 많을수록 비갱신형을 선택하기가 어렵게 된다. 50세만 넘어가도 3대 진단보험은 내는 보험료 대비 받는 보험금이 적은 역전 현상이 종종 나타나기 때문이다. 그러므로 3대 진단보험은 젊을 때는 비갱신형을 하나 마련하고, 나이가 들어서 추가보장을 갱신형으로 가입하는 '1+1' 전략이 좋다. 3대 진단보험 갱신 및 비갱신 선택 노하우

도표 6-16 **40세 남성 기준 3대 주요 진단금 보험료**

(단위: 원)

담보명	납기/만기	가입금액	보험료
암진단(유사암제외)담보	20년납/100세만기	10,000,000	22,914
유사암진단담보	20년납/100세만기	10,000,000	2,440
재진단암진단담보	20년납/100세만기	10,000,000	31,412
뇌졸중진단담보	20년납/100세만기	10,000,000	13,340
급성심근경색증진단담보	20년납/100세만기	10,000,000	4,347
보험료 합계			74,453

· A손해보험사, 40세 남성, 20년납/100세만기

도표 6-17 **50세 남성 기준 3대 주요 진단금 보험료**

(단위: 원)

담보명	납기/만기	가입금액	보험료
암진단(유사암제외)담보	20년납/100세만기	10,000,000	29,576
유사암진단담보	20년납/100세만기	10,000,000	2,960
재진단암진단담보	20년납/100세만기	10,000,000	49,334
뇌졸중진단담보	20년납/100세만기	10,000,000	17,091
급성심근경색증진단담보	20년납/100세만기	10,000,000	5,294
보험료 합계			113,686

· A손해보험사, 50세 남성, 20년납/100세만기

를 정리하면 다음과 같다.

① 40세 이전에는 비갱신형 보험을 최소 1개는 가입한다.

② 40세 이후에는 내는 보험료 대비 받을 수 있는 보험금을 비교해 30%를 초과

하면, 갱신형을 추가해 가입한다.

③ 최초1회한 수령하는 대다수 진단금은 갱신형을 선택하더라도, 반복지급받는

진단금(재진단암담보)이나 수술비는 비갱신형을 선택하는 것이 좋다.

무해지보험 가입,
괜찮은 걸까?

무해지나 저해지 보험은 보험료가 저렴한 대신 중도해지를 하게 되면 해지환급금이 전혀 없거나(무해지), 일부만 지급하는(저해지) 상품이다. 상품으로 따지면 가격이 저렴한 대신 중도해약 시에는 위약금을 물리는 상품이라고 생각하면 된다.

결론적으로 "나는 한 번 들은 보험은 대부분 끝까지 유지한다"라고 답할 수 있다면, 무해지나 저해지 보험을 가입해도 좋다. 하지만 보험을 자주 바꾸고 갈아탄다면, 무해지나 저해지 보험은 해당 가입자에게 좋은 상품이 될 수 없다.

실제로 저해지나 무해지 상품은 일반적인 보험상품이 내는 보험료의 10~30%까지 줄일 수 있다. "나는 보험을 유지는 잘하는데, 보험

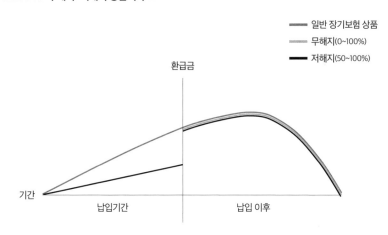

료가 올라가는 게 싫고 보험료를 줄이고 싶다"는 사람에게는 무해지
나 저해지 상품이 최적일 수 있다.

　아무리 본인이 의지가 굳건한 타입이라도 앞으로 무슨 일이 생길지
는 모르는 법이다. 보험도 100% 유지할 수 있다고 장담할 수 없다. 그
러니 무해지를 고액으로 가입하는 것은 반드시 지양해야 한다.

39

태아보험 제대로
가입하는 방법

'식스 포켓(six pocket)'이란 단어를 들어 본 적 있는가? 한 명의 자녀에게 6개의 주머니(할아버지, 할머니, 외할아버지, 외할머니, 아빠, 엄마)가 있다는 뜻이다. 이 단어는 2020년 기준 대한민국 합계출산율이 0.84명인 저출산 시대의 단면을 보여주고 있다. 세상 하나 뿐인 자녀가 갖고 싶은 물건이 있다고 생각해보자. 그 물건을 사기 위한 돈은 6개 주머니 중에서 꺼내 쓰면 된다는 것이다.

이런 세상에서 모든 걸 다 줄 수 있는 자녀를 임신하면 제일 먼저 구매하는 상품은 무엇일까? 바로 태아보험이다. 내 자녀를 위해 처음 구매하는 상품이기에 잘 가입하는 것이 그 무엇보다 중요하다.

먼저 알아둘 것이 있다. 우리나라 어느 보험사든 '태아보험'이라는 상품은 존재하지 않는다. 보통 어린이보험이 태아부터 성인까지 보장받을 수 있는 담보로 구성된 보험인데, 그중에 태아 담보를 가입하면 그게 태아보험인 것이다.

태아보험은 왜 가입해야 할까? 아프게 태어날까봐, 자라면서 아플까봐 가입해야 한다. 이러한 2가지 경우를 예측할 수 없기에 보험으로 대비를 해야 한다. 그렇다면 태아보험은 어떻게 가입해야 할까? 태아보험에 가입할 때 미리 알면 도움이 되는 몇 가지 내용을 정리해보겠다.

첫 번째, 가입시기를 놓쳐선 안 된다.

태아 담보 중 일부는 일정 시기(16~22주) 이내에만 가입이 가능하다. 대표적으로 선천질환 및 장해 출생, 저체중아 관련 담보는 이 시기를 놓치면 가입이 불가능하다. 이 시기 동안 태아 관련 주요 검사를 완료하기 때문이다. 앞에서 언급한 담보는 아프게 태어날 경우 보장받을 수 있는 필수 담보인만큼 가입시기를 꼭 체크해야 한다.

두 번째, 발생 시 위험도가 높은 중대한 질환 관련 담보를 먼저 준비해야 한다.

소아에게 발생 할 수 있는 중대환 질환은 어떤 것이 있을까? 먼저 암에 대한 대비를 해야 한다. 소아의 경우 백혈병 발병률이 성인보다 높은데, 소아암진단, 조혈모세포이식수술 담보를 통해 보장이 가능하다. 그다음으로 선천질환 중에서 가장 많은 발생 비중을 차지하는 심방중격결손 수술의 경우에도 심장수술 담보 가입을 통해 보장이 가능하다. 이외에도 장애진단, 뇌성마비진단 등 중대한 질환 시 보장 가능한 담보에 대한 가입이 필요하다. 참고로 앞에서 언급한 담보는 발생 시 위험도는 높지만 발생 확률은 낮아 보험료 부담이 적은 만큼 꼭 체크해야 한다.

세 번째, 실손의료비 보험은 꼭 태아 시기에 가입해야 한다.

국민보험이라고 불리는 실손의료비 보험은 태아보험 가입 시 함께 가입하는 경우가 많다. 하지만 일부는 태아 시기에 보장받을 내용이 없다고 생각해 출생 이후로 가입을 미루는 경우도 있다. 하지만 태아 시기에 가입하면 다발성 선천질환 중 하나인 선천성비신생물성모반 (Q82.5)을 보장받을 수 있다. 흔히 몽고반점으로 알고 있는 모반의 경우 완전한 제거를 위해 여러 번의 치료가 필요한 만큼, 출생 이전에 가입하여 보장받을 수 있도록 꼭 체크해야 한다.

네 번째, 출생 이후에는 발생 확률은 높고 보장범위는 넓은 담보를 준비해야 한다.

이러한 담보의 대표적인 예가 질병/상해입원일당과 일상생활배상책임이 있다. 먼저 질병/상해입원일당은 소아부터 청소년기에 청구되는 보험금 중 가장 많은 비중을 차지하는 담보다. 소아·청소년기에 치료를 위해 수술 없이 입원 치료를 하는 경우가 많기 때문에 30세 만기를 활용한다면 보험료 부담을 낮춰 준비하는 것이 가능하다.

그다음 일상생활배상책임은 뜻하지 않게 다른 사람에게 신체 또는

도표 6-19 **태아보험 가입 시 체크해야 할 보장 담보**

	태아	어린이	청소년	성인	모성
가입 여부	저체중아출생	다발성 소아암진단	사시수술	유사암진단	임신출산질환 입원일당
	장해출생	뇌성마비진단	부정교합치료	뇌혈관질환진단	임신출산 질환수술
	저체중아 입원일당	어린이개흉 심장수술	기흉진단	심혈관질환진단	특정고위험 산모질환진단
	선천이상 입원일당	어린이심장시술	척추측만증진단	질병후유장해	임신중독증진단
	선천이상수술	8대장애진단	치아치료	질병(All, N대, 종) 수술	임신출산질환 실손의료비

· A 손해보험사 기준

재산상의 손해를 입혔을 때 이를 보상해주는 담보다. 소아·청소년기
에는 부주의로 인해 친구의 물건을 파손하는 등 사고 발생 건수가 많
다. 그런 만큼 가입이 필수인 담보다. 보험료는 회사마다 차이가 있지
만 1,000원 미만에 가입이 가능하다. 그 외에도 독감치료비, 골절진단,
부목치료비 담보 등 소아·청소년 시기에 발생할 확률 높은 질환 또는
사고를 보장받을 수 있는 담보에 대해 꼭 체크해야 한다.

다섯 째, 임산·출산 과정에서 산모에게 발생할 수 있는 위험에 대비
해야 한다.

대부분의 보험은 임산·출산 관련 위험에 대해 보상해주지 않는다. 예를 들어 산모가 자궁 수축으로 5일간 입원 치료를 받았다고 해보자. 이 경우 임신 전에 가입해둔 종합보험 내 입원일당 담보에서 보상받을 수 있을까? 정답은, '보상받을 수 없다'이다. 약관에서 "임신, 출산, 산후기"는 보상하지 않는 손해에 해당한다고 규정하기 때문이다. 따라서 태아보험에 가입할 때는 태아뿐만 아니라 산모에게 발생할 수 있는 모성담보* 위험 또한 함께 준비해둬야 한다.

---

* 모성담보는 임신·출산과 관련하여 산모에게 발생할 수 있는 질환을 보장해준다.

어린이보험, 100세까지
가입해야 하나요?

어린이보험은 성인보험과 달리 보장기간을 20~30세(이하 '30세 만기'라 함) 만기로 설정할 수 있다. 그래서 어린이보험 가입을 앞둔 부모는 고민에 빠지게 된다. 이왕 가입하는 김에 보험료 부담은 있지만, 미래에 자녀의 보험료 부담을 덜어줄 수 있는 100세 만기를 선택할 것인가? 아니면 자녀의 경제적 독립 시기까지만 보장해주는 30세 만기를 선택할 것인가? 만기 선택과 관련해 미리 알면 도움 되는 몇 가지 내용을 정리해보겠다.

먼저 '만기'라는 개념을 이해해야 한다. 만기는 보험의 효력이 인정되는 기간을 말한다. 만약 납입 보험료가 같다면 보험의 효력이 30세에 끝나는 보험보다 100세까지 보장받을 수 있는 보험을 고민 없이 선택할 것이다. 하지만 현실에서는 보험료가 다르다. 그래서 고민하는 것이다. 당연히 100세 만기 보험이 30세 만기 보험보다 비싸다. 그렇다면 과연 비싼 보험료를 내고 100세까지 가입이 필요할까?

이 질문에 대해 실효성을 제기하는 의견을 살펴보면 첫 번째로는 가입한 보장금액이 물가상승을 반영하지 못한다는 것이다. 예를 들면 암 진단 1억 원을 가입한 고객이 40세에 암 진단을 받아도 1억 원, 60세에 암 진단을 받아도 1억 원, 80세에 암 진단을 받아도 1억 원, 수령하는 보험금의 절대 금액이 동일하다. 따라서 가입 당시는 충분한 보장금액이었더라도, 시간이 지날수록 부족할 수 있다는 것이다.

두 번째는 가입한 모든 담보가 100세까지 보장받는 건 아니라는 점이다. 어린이보험의 만기는 담보별로 차이가 있다. 성인보험과 달리 태아, 어린이, 청소년 시기에 보장받을 수 있는 담보가 있기 때문인데, 이 것들은 특정 시기(5세, 10세)까지만 보장받는다. 보험료 또한 100세가 아닌 보장받는 그 시기에 해당하는 부분만 납입한다. 100세 만기라고 해서 모든 담보의 보험료를 100세 기준으로 받는 건 아니다.

그러나 100세 가입을 고민할 때 꼭 고려해야 할 사항이 있다. 첫 번째, 아이가 태어나면서 또는 성장하면서 질병 또는 상해로 아파서 기왕력이 발생하면, 향후 보험가입이 불가능할 수 있다는 점이다. 특히 출생과 성장의 과정은 누구도 예측할 수 없기에 보험으로 준비하는 만큼 보장기간을 길게 가입하는 것이 좋은 선택이 될 수 있을 것이다.

두 번째, 30세 만기의 경우 결국 100세까지 보장받을 수 있는 보험에 다시 가입해야 한다. 물론 이때도 보험회사가 요구하는 건강 상태 등 보험가입 기준을 충족하는 경우에만 가능하다. 30세 보험은 부모님이 납입을 했지만, 다시 가입하는 100세 보험은 자녀가 또 다시 납입을 시작해야 한다. 참고로 동일한 100세 만기 보험을 태아 때 가입하는 것과 30세 때 가입하는 것을 비교해보면, 30세 가입 시 보험료가 훨씬 비싸다. 그렇다면 충분한 보장은 아니더라도 꼭 필요한 보장만큼은 100세 만기 보험을 가입하는 것이 좋은 선택이 될 수 있을 것이다.

만약 30세 만기 가입을 희망한다면, 가입하려는 어린이보험에 계약전환제도가 있는지 확인해봐야 한다. 계약전환제도란 30세 만기 시 고객의 의사표시로 기존 계약을 100세 만기로 전환할 수 있는 제도다. 보험가입 후 일부 기왕력이 있더라도 회사마다 운영 중인 심사 기준을 충족하는 경우, 전환이 가능하기 때문이다. 전환 조건 등에 대한 세부사항은 회사마다 차이가 있으므로 꼭 확인해야 한다.

41

유병자보험 제대로
가입하는 방법

유병자란 질병을 앓고 있거나 병력이 있는 사람을 말한다. 일반적으로 보험은 건강한 사람이 아픈 경우를 대비하기 위해 가입하는 상품이다. 하지만 2015년 이후로 유병자도 가입할 수 있는 보험상품이 봇물처럼 쏟아지고 있다. 한때는 유명 배우가 광고에 나와서 묻지도, 따지지도 않고 가입할 수 있는 보험을 소개할 때만 해도 일부 회사에서만 판매했다. 그러더니 지금은 특정 회사라고 할 것도 없이 많은 종류의 유병자보험이 판매되고 있다.

유병자보험은 기본적으로 건강한 사람이 가입할 수 있는 보험에 비해 보험료가 비싸다. 상품의 종류에 따라서도 보험료 차이가 크다. 그래서 그 어느 보험보다 나에게 딱 맞는 상품을 선택하는 것이 중요하

도표 6-20 유병자보험 상품별 가입조건 및 보험료 수준

상품	간편고지 기준			보험료
A	3개월 내 입원/수술/재검사 소견	3년내 계속하여 6일 이상 입원/30일 이상 투약	3년내 6대질병 진단/입원/수술	25,490원 저렴
B	3개월 내 입원/수술/재검사 소견	3년내 입원/수술	3년내 6대질병 진단/입원/수술	26,950원
C	3개월 내 입원/수술/재검사 소견	2년내 입원/수술	5년내 암 진단/입원/수술	34,170원
D	3개월 내 입원/수술/재검사 소견	1년내 입원/수술		37,810원 비쌈

· 2021년 9월 A사 기준
· 60세(여), 20년갱신, 뇌혈관/허혈심장 진단 각 1천만 원 기준
· 6대질병: 암, 협심증, 심근경색, 심장판막증, 간경화증, 뇌졸중증(뇌출혈, 뇌경색)

다. 이번에는 유병자보험에 가입하기 전에 꼭 알고 가입해야 하는 중요 내용에 대해 살펴보겠다.

첫 번째, 나의 현재 치료 상황을 확인해야 한다.

보험회사는 가입 전 고객에게 현재 건강상태에 대해 몇 가지 알릴 의무를 요청한다. 유병자보험은 이런 알릴 의무를 대폭 간소화한 보험으로, 몇 가지 사항에만 해당하지 않는다면 가입이 가능하다. 이는 결국 몇 가지를 묻느냐, 어떤 사항을 묻느냐에 따라 상품이 달라지고 보

험료가 달라진다는 것이다. 공통적으로 3개월 이내 검사/수술 등에 대한 의사 추가소견, 1~3년 이내 수술/입원 이력, 3~5년 이내 중대한 질환(암, 뇌, 심 등)에 대한 진단/수술/입원 이력을 묻는다. 그러므로 현재 나의 치료 상황을 정확히 알아야 내 조건에 맞는 유리한 상품을 선택할 수 있다.

예를 들어 당뇨병 치료를 위해 5년째 약물 투약 중인 A씨가 있다. 그는 최근 5년 이내 그 외 치료 이력은 없다. 이때 어떤 상품으로 가입할 것인가?

〈도표 6-20〉을 보자. 보험료가 가장 저렴한 A상품은 3년 내 30일 이상 투약에 해당되어 가입이 불가능하다. 그다음으로 보험료가 저렴한 B상품은 가입이 가능하다. 여기서 A상품과 B상품은 2020년 이후 출시된 유병자보험으로, 이전까지는 C상품이 주력으로 판매되었다. 2020년 이전에 C상품으로 가입한 고객의 경우, 향후에 건강 상태가 호전된다면 A상품 또는 B상품으로 전환을 고려해볼 만하다. 가입조건을 충족한다면 더 저렴한 유병자 상품으로 재가입이 가능하다.

두 번째, 보상기준을 확인해야 한다.

유병자가 가입하는 보험인만큼 건강한 사람이 가입하는 보험과 보상에서 차이가 있다. 또한 보상기준은 회사마다 차이가 있다. 대표적으로 가입 후 일정 기간은 보상을 못 받는 면책기간이 있는지, 보상을 일부만 받는 감액기간이 있는지 등을 꼭 확인해야 한다.

세 번째, 부가서비스를 확인해야 한다.

유병자는 아무래도 병원을 방문할 일이 많다. 2017년 이후부터 회사마다 보험가입자를 대상으로 건강관리를 지원해주는 서비스를 제공하는 곳이 늘고 있다. 이런 서비스는 전화문의, 병원예약 대행, 건강검진 할인, 걷기 기준 달성 시 포인트 지급 등으로 구성되어 있다. 서비스 운영도 회사마다 차이가 있기 때문에 제공 기준 및 기간, 추가비용 납부 등을 알아봐야 한다.

생존보장 끝판왕,
수술비보장을 챙겨라

몸이 아파서 병원을 방문했더니 의사 선생님이 치료가 필요하다고 한다. 어떤 방법으로 치료를 할까? 아마 약을 복용하는 투약과 수술이 있을 것이다. 특히 투약은 매일 정해진 시간 정해진 용량을 복용하며 치료를 진행한다. 대개 치료비용이 크지 않고 일상생활도 정상적으로 영위하는 게 가능하기에 소득 단절에 대한 걱정도 크지 않다.

하지만 수술은 이야기가 달라진다. 수술은 치료 후 회복기간이 필요하여 입원을 하는 경우가 많다. 이는 직접적인 치료비용 외에 간병비 등의 간접적인 치료비용도 발생한다는 것이다. 또한 입원기간 동안 일상생활을 정상적으로 영위하기 힘들기에 소득 단절에 대한 대비도 필요하다. 결국 수술 치료를 받게 되면 투약 치료보다 돈이 더 많이 든다.

도표 6-21 2019년 전 연령 다빈도수술 현황

순위	질병 코드	수술질환	수술인원	수술건수	1인당 평균 입원일수	1인당 평균 진료비
1	H25	노년백내장	359,891명	548,065건	1.6일	1,417만원
2	K64	치핵 및 항문 주위 정맥혈전증	162,278명	164,015건	2.7일	1,115만원
3	H26	기타백내장	71,842명	104,717건	1.6일	1,486만원
4	K80	담석증	69,543명	76,258건	7.2일	4,839만원
5	M17	무릎관절증	71,842명	75,186건	22.1일	9,494만원
6	K35	급성충수염	74,823명	75,184건	5.0일	3,121만원
7	M51	기타추간판장애	54,680명	56,268건	11.7일	3,105만원
8	O82	제왕절개에 의한 단일분만	46,001명	46,053건	6.3일	2,165만원
9	M48	기타 척추병증	37,185명	38,062건	14.1일	4,886만원
10	I20	협심증	36,633명	37,794건	4.7일	9,060만원
11	J35	편도 및 아데노이드의 만성질환	36,018명	36,193건	2.9일	1,238만원
12	K40	사타구니탈장	32,694명	33,187건	3.1일	1,938만원
13	C22	간 및 간내담관의 악성신생물	21,342명	32,433건	12.2일	9,978만원
14	S32	요추 및 골반의 골절	29,730명	30,897건	12.5일	3,163만원
15	J32	만성부비동염	28,529명	29,570건	3.2일	1,781만원
16	O34	골반기관의 알려진 또는 의심되는 이상에 대한 산모관리	28,628명	28,660건	6.1일	2,205만원
17	C73	갑상선의 악성신생물	27,037명	27,380건	5.5일	3,330만원
18	I21	급성심근경색증	26,284명	27,058건	7.1일	12,751만원
19	C50	유방의 악성신생물	24,231명	24,970건	8.2일	5,501만원
20	O33	알려진 또는 의심되는 불균형에 대한 산모관리	22,280명	22,292건	6.2일	2,140만원

실제로 자주 발생하는 수술 현황을 통계로 보면 〈도표 6-21〉과 같다. 백내장이 제일 많고 그다음으로 치질, 담석증, 무릎관절증, 맹장수술, 척추수술, 협심증 수술 순으로 나온다. 이는 우리 주변에서 쉽게 볼 수 있는 질환들로 수술비 담보에서 보장이 가능하다. 그러나 이런 다빈도질환은 수술 1회당 지급되는 금액이 중요한데, 보장금액은 회사마다 다르므로 비교가 필요하다.

수술비보장을 꼭 챙겨야 하는 이유는 3가지다.

첫 번째, 의료기술 발달로 고비용 수술 치료가 증가하고 있다.

복부를 열어서 진행하는 개복수술보다, 절개 부위를 줄여 복부에 구멍을 내서 진행하는 복강경수술부터 최근에는 로봇을 이용해 진행하는 수술까지 치료 방법이 다양화되고 있다. 문제는 각 수술별 치료비용 차이가 크다는 것이다. 각 방법에 따라 수술 부위를 얼마나 절개하는지, 회복 속도는 얼마나 빠른지의 차이가 있는데, 치료비용의 차이가 여기서 발생한다. 결국 아무리 효과 좋은 수술 방법이 있더라도 그 치료비용을 지불할 수 있는 충분한 돈이 없다면, 최고의 수술보다는 최선의 수술을 선택할 수밖에 없다.

두 번째, 평균 수명의 증가로 '계속 받는' 치료보장이 필요하다.

수술비는 회사마다 담보에 따라 차이가 있지만 기본적으로 '최초 1회한' 지급이 아니라 '계속 받는' 경우가 많다. 예를 들어 '암 진단' 담보의 경우 최초 암 진단 시 보험금을 지급하고 담보가 소멸되지만,

'암 수술' 담보의 경우 암 수술 시 최초 1회가 아니라 수술할 때마다 보험 만기까지 계속 지급한다. 진단 후 대표적인 치료 방법이 수술인 걸 고려하면 수술비보장을 꼭 챙겨야 한다.

세 번째, 보험회사마다 수술비를 보장받을 수 있는 담보가 늘어나고 있다.

2018년 이후부터 수술비 담보의 종류와 보장금액 크기가 급속하게 증가했다. 증가 추세에 있는 고비용 수술에 대해 고보장 가입으로 치료에 필요한 충분한 비용을 마련할 수 있게 해주고 있다. 또한 치료에 큰 비용이 들진 않지만 수술 횟수가 많은 다빈도 질환의 경우에도 보장받을 수 있는 담보가 신설되었다. 이 중에서 실손의료비 보험에서 보장받을 수 없는 일부 수술도 보장 가능한 경우가 있는 만큼, 내가 가입한 수술비보장을 체크하고 부족한 부분은 보완할 필요가 있다.

너무 복잡한 수술비보장,
한 번에 이해하기

그렇다면 수술비보장은 어떻게 준비해야 할까? 먼저 수술비는 어떤 담보를 가입하느냐에 따라 보장받을 수 있는 범위와 기준이 다르다는 걸 고려해야 한다. 이 말은 담보명에 '수술'이라고 적혀 있다고 해서 모두 다 같은 보장을 해주는 게 아니라는 것이다. 지금부터 수술비보장을 가입할 때 미리 알면 도움이 되는 몇 가지를 살펴보겠다.

첫 번째, 보장범위를 살펴야 한다.

대표적으로 수술비 담보에는 정해진 수술 외에는 다 보장해주는 포괄주의와 정해진 수술만 보장해주는 열거주의가 있다. 포괄주의 수술 담보로는 '질병수술', 열거주의 수술 담보로는 '질병수술(1-5종), N대질병수술'이 대표적이다. 보장범위만 보면 포괄주의 수술 담보를 가입하는 게 유리할 것 같다. 하지만 수술별 보장금액 차이가 없는 단점이 있다. 예를 들어 질병수술 50만 원을 가입한 경우 맹장 수술(=충수 절제술)을 해도 50만 원, 대장암 수술을 해도 50만 원으로 보장금액이 동일하다. 대장암 수술을 하는 경우 보장금액 50만 원은 수술비용을 충당하는 데 부족할 것이다.

이런 단점을 보완할 수 있는 게 열거주의 수술 담보이다. 약관에서 정해진 수술만 보장해주기에 보장범위는 좁지만, 수술 종류에 따라 보장금액이 다르다는 장점이 있다. 앞에서 말한 예시를 질병수술(1-5종) 담보로 다시 적용해보면, 맹장 수술(=충수 절제술)은 최대 30만 원, 대장암 수술은 최대 1천만 원 보장받을 수 있다. 즉, 내가 가입한 수술 담보의 보장범위가 어디에 해당하는지, 수술별로 충분한 보장금액이 준비되어 있는지 꼭 체크해야 한다.

두 번째, 보장기준을 살펴야 한다.

수술비보장은 담보에 따라 보장 횟수와 수술 방법별 지급조건이 다르다. 먼저 보장 횟수의 경우 내가 가입한 수술 담보는 '연간1회한' 또는 '수술1회당', 둘 중 어디에 해당하는지 점검해야 한다. '연간1회한'은 말 그대로 하나의 질병으로 인한 수술은 1년에 1회만 보장해주겠다는 것이다. '수술1회당'은 별도 횟수 제한 없이 수술을 할 때마다 보장해주겠다는 것이다. '수술1회당' 담보도 세부적으로 한 가지를 더 점검해봐야 한다. 수술을 할 때마다 100%를 보장해주는 것인지, 첫 번째 수술은 100% 보장해주지만 두 번째 수술부터는 일정 비율(20%, 30% 등)만 보장해주는 것인지 말이다. 이왕이면 수술 회당 가입금액 100%를 보장받을 수 있는 수술 담보 가입을 추천한다.

나음은 수술 방법별 지급조건에 차등이 존재하는지 점검해야 한다. 수술 방법에는 크게 2가지가 있다. 첫째는 병변 부위를 육안으로 직접 보면서 수술적 조작을 가하는 관혈수술이고, 둘째는 인체 내부를 특수 의료기구 등을 이용한 영상을 보면서 시행하는 비관혈수술이 있다. 최근 의료기술 발전으로 비관혈수술이 증가 추세에 있다. 이와는 반대로 수술 담보는 비관혈수술을 하는 경우 보장금액을 축소 지급하는 담보가 늘어나고 있다. 비관혈수술도 관혈수술 못지않게 치료비용이 많이 들어가기도 한다. 그런 만큼 내가 가입한 수술 담보는 관혈 수술과 비관혈 수술에 대한 보장 차등이 있는지 꼭 체크해야 한다.

세 번째, 보장의 크기를 살펴야 한다.

앞에서 말한 것처럼 수술비보장은 2018년 이후부터 많은 담보가 출시되었다. 그 이전까지는 수술비보장 담보 종류도 제한적이었고, 무엇보다 보장금액 크기도 작았다. 예전에는 수술비보장 금액이 100만 원대 시대였다면, 지금 현재는 1천만 원대 시대다. 특히 암뇌심 관련 질환 수술 시 최대 얼마를 보장받을 수 있는지 꼭 체크해야 한다.

입원일당보장, 어떻게
가입하는 것이 좋을까?

"입원일당보장, 꼭 가입해야 하나요?"라는 질문을 자주 받는다. 이런 질문을 받으면 반대로 물어본다. "입원일당이 왜 필요한가요?" 대부분 돌아오는 답변은 입원만 하면 보장받을 수 있으니, 일상에서 혜택 받을 확률이 높아서라고 말한다. "그런데 가입을 왜 망설이시나요?"라고 물으면, 대부분 보험료가 비싸서라고 답한다.

결국 정리하면 입원일당보장은 일상에서 혜택 받을 확률이 높아서 보험료가 비싼 담보다. 그렇다면 이런 입원일당보장은 어떻게 가입하는 것이 좋을까? 먼저 이 보장이 필요한 이유부터 정리해보자. 보통 입원을 하게 되면 수술이 동반되는 경우가 많다. 수술 전후 의료진의 집중 관리가 필요하기에 집이 아닌 병원에 입원을 하게 된다.

이렇게 입원을 하게 되면 3가지 돈 걱정이 생긴다. 첫째, 실손의료비 보험에서 보장이 제외되는 자기부담 치료비다. 둘째, 빠른 회복을 위해 사용한 상급병실료이다. 셋째, 타인의 도움이 필요해 사용한 간병인 비용이다. 이러한 3가지 돈 걱정을 해결해줄 수 있는 게 입원일당보장인 만큼 꼭 준비하는 게 필요하다. 하지만 가입을 망설이게 하는 '비싼 보험료' 문제가 남아 있다. 지금부터는 이를 해결하는 방법에 대해 살펴보겠다.

결론부터 말하면, 나에게 딱 맞는 입원일당 담보를 선택하면 된다. 현재 시중에 판매되는 입원일당 담보 종류는 다양하다. 같은 입원일당 담보라도 보장기간(1-10일, 1-30일, 1-120일, 1-180일)에 따라 보험료가 다르다. 질환에 따라 평균 입원기간이 차이가 있는데, 자신이 걱정하는 질환에 맞는 보장기간으로 선택하면 보험료를 줄일 수 있다. 또한 같은 입원일당 담보라도 입원하는 장소, 예를 들어 병원, 종합병원, 상급종합병원, 중환자실에 따라 보험료가 다르다.

아무래도 앞에서 말한 3가지 돈 걱정은 큰 병원으로 갈수록 커질 것이다. 이에 따라 종합병원 혹은 중환자실 입원일당 담보 가입을 통해, 최소 큰돈 들어가는 입원만이라도 준비할 필요가 있다.

수술 동반 여부에 따라 보험료를 줄일 수도 있다. 보통 입원일당은 수술 여부와 상관없이 입원 시 보장받을 수 있다. 반면 수술입원일당 담보는 수술을 동반하는 입원의 경우에만 보장받을 수 있어 보험료가 저렴하다. 상급병실 이용 및 간병인 사용의 필요성이 높은 경우는 수술 후 회복을 할 때다. 입원일당보장이 비싸다고 가입 시에 뺄게 아니라, 적어도 수술입원일당 담보 가입을 통해 수술 후 입원하는 경우만이라도 준비할 필요가 있다.

45

내 보험, 치료 단계별로
보험금이 다 지급될까?

'토탈-케어'라는 말을 들어본 적 있는가? 어떤 일의 처음부터 끝까지 관리해준다는 뜻이다. 최근 각종 홍보 매체에서 많이 사용되는 단어다. 이런 추세에 발맞춰 이제는 보험도 '토탈-케어' 시대다. 즉, 치료 단계별로 보험금을 다 지급받을 수 있게 가입해야 된다는 말이다.

우리는 왜 보험에 가입할까? 보장받기 위해 가입하는 게 보험이다. 그러면 보험을 통해 보장받고 싶은 것은 무엇인가? 바로 예상치 않게 발생하는 사고나 질병으로부터 금전적인 위험을 보장받는 것이다.

보험을 잘 가입했는지 판단하는 기준은 돈 들어가는 위험이 발생하는 순간마다 적정한 보험금을 지급받을 수 있는지다. 이 사항을 꼭 점검해야 한다. 우리가 가장 많이 가입하는 인(人)보험을 생각해보면, 결국 사람이 예상치 않게 병이 들어서, 혹은 사고가 생겨서 돈 들어가는 위험을 대비하기 위해 가입하는 것이다. 그렇다면 사람이 아파서 돈 들어가는 위험의 순간은 어떤 것이 있을까? 질병의 치료 과정을 생각해보면 쉽게 정리된다. 다음의 예를 보자.

최근 A씨는 지속적인 어지럼증으로 고생 중이다. A씨는 병원에 내원하여 3일치 약을 처방받았다. 약을 먹고도 계속 어지러우면 다시 내원하라는 의사 소견을 듣고 진료비와 약제비를 지불하고 돌아왔다. 3일 뒤 그래도 어지러워서 다시 병원을 내원했더니 정밀검사를 해보자고 했다. 검사 결과 뇌경색 진단을 받았다.

A씨는 놀란 마음에 여러 가지 걱정이 들었는데, 무엇보다 치료비와 생활비에 대한 돈 걱정이 가장 앞섰다. 치료 가능한 수술 방법에 대해 설명을 들었다. 수술 방법에 따라 비용 차이가 커서 선택이 쉽지가 않았다. 수술 후 당분간은 누군가의 간병이 필요하다고 한다. 가족들 모두 생업이 있어 외부 간병인을 써야 하는데, 또 돈 걱정이 앞선다. 어쨌든 A씨는 수술을 했고, 결과도 좋아 어느 정도 회복이 되어서 퇴원을 하였다.

병원에서는 혹시 모를 장애로 이어지는 걸 막기 위해 지속적인 재활이 필요하다고 한다. 병원을 오가는 비용, 재활 치료에 들어가는 비용, 또 돈이 들어간다. 돈 걱정에 재활을 소홀히 해서 그런지 뇌병변장애가 발생했다. 이제 A씨는 외출을 할 때 누군가의 도움이 필요하다.

가족이 함께할 수 없을 땐 간병인의 도움이 필요한데, 돈 걱정에 간병인을 쓰는 게 쉽지 않다. 그러다가 삶을 마감할 시간이 얼마 남지 않게 되었다. 가족들 고생만 시키고 가는 것 같아 마음이 쓰인다. 그런데 죽고 나면 장례를 치르는 데 또 돈이 들어 갈 텐데, 마지막 가는 순간까지 돈 걱정이 앞선다.

A씨는 치료 시작부터 사망 전까지 계속 돈 걱정을 했다. 만약 A씨가 치료 단계별로 보장받을 수 있는 보험을 제대로 가입했다면, 이런 돈 걱정을 해결할 수 있었다. 그러니 미리 내가 가입한 보험이 앞에서 살펴본 예시처럼 '치료-진단-수술-입원-재활-장애-사망' 각 단계별로 보험금을 지급받을 수 있는지 점검해야 한다. 만약 어느 한 단계에 집중되어 있다면, 이를 다른 단계로 분산시켜줄 필요가 있다.

만약 내 보험이 사망 단계에만 집중되어 있다면 치료 단계에서 발생하는 비용은 보험에서 해결할 수 없고, 사망해야지만 보험금을 지급받을 수 있기 때문이다. 어느 한 단계가 비어 있다면 그 부분을 채워

도표 6-22 **인보험 가입 시 치료 단계별 보장 점검 목록**

구분	진단	수술	입/통원	장해/장애	사망
가입 여부	☐	☐	☐	☐	☐

줄 필요가 있다. 병이 들거나 아플 때의 전체 치료 과정은 다 연결되어 있다. 그러니 단계별로 골고루 보장받을 수 있도록 보험을 가입하는 게 중요하다.

Chapter 7

생활보장보험 핵심 꿀팁

일상생활배상책임 900원, 최고의 가성비다

살다보면 의도치 않게 다른 사람을 다치게 하거나, 다른 사람의 물건을 파손하는 경우가 생긴다. 이런 경우 사과의 말로 끝날 수 있는 게 아니어서, 그에 상응하는 금전적 보상이 이루어져야 한다. 이때 위력을 발휘하는 담보가 일상생활배상책임이다. 타인의 신체나 재물에 끼친 손해에 대한 법률상 배상책임을 부담함으로써 입은 손해를 보상해주는 담보로, 손해보험 상품에서만 가입이 가능하다. 1억 원을 보장하는데 월 보험료가 약 900원 정도다. 보장 대비 보험료가 저렴한 점을 고려하면 반드시 가입해야 하는 필수 담보이다. 그럼 지금부터 일상생활배상책임 담보의 보장내역과 주의사항에 대해 살펴보겠다.

일상생활배상책임의 보장내역은 담보명에서 알 수 있듯이, '일상생활' 중 발생한 손해를 보상해준다. 일상생활은 평상시의 생활을 의미한다. 그러므로 보장범위가 굉장히 넓다고 볼 수 있다. 예를 들어 내 아이가 친구 집에 놀러가서 장난을 치다가 고가의 OLED TV 액정을 깨뜨렸다고 해보자. AS센터에 알아보니 수리비로 100만 원이 넘는 견적을 받았다. 철없는 아이의 실수이지만 부모는 법률상 배상책임을 부담해야 한다.

이때 만약 일상생활배상책임 담보에 가입되어 있다면, 자기부담금 일부를 제하고 나머지 금액을 수리비로 보상받을 수 있다. 길을 걷다가 지나가는 행인과 부딪쳐 행인이 들고 있던 고가의 휴대폰이 부서진 경우, 베란다에서 이불을 털다 화분을 떨어뜨려 주차해둔 옆집 외제차를 파손한 경우, 백화점을 뛰어다니던 자녀가 명품 매장의 도자기를 건드려 박살낸 경우, 놀이터에서 놀던 아들이 장난을 치다 미끄럼틀 위에서 옆집 아이와 부딪혀 팔을 부러뜨린 경우, 이 모든 상황이 일상생활배상책임 담보에서 보상받을 수 있다. 900원대 보험료 담보치고는 꽤 쓸 만하지 않은가?

다만 일상생활배상책임 담보 관련해 2가지 주의사항은 꼭 알아두어야 한다.

첫 번째, 가입한 담보에 따라 보상하는 가족의 범위가 다른 점이다. 일상생활배상책임, 가족일상생활배상책임, 자녀일상생활배상책임, 이렇게 3가지 담보 중 내가 가입한 담보에 따라 가족 중 누구까지 보상

도표 7-1 **일상생활배상책임 담보의 피보험자 범위와 보상하는 손해**

구분	부부일상생활배상책임	자녀일상생활배상책임	가족일상생활배상책임
피보험자 범위	① 피보험자 ② 피보험자와 동거하는 배우자	① 피보험자 ② 민법 제755조에서 규정하는 피보험자의 법정 감독의무자	① 피보험자 ② 피보험자의 배우자 (가족관계등록부상 또는 주민등록상에 기재) ③ 피보험자 본인 또는 배우자와 생계를 같이 하고 보험증권에 기재된 주택의 주민등록상 동거 중인 동거 친족(민법 제777조) ※ 8촌 이내의 혈족, 4촌 이내의 인척, 배우자 ④ 피보험자 본인 또는 배우자와 생계를 같이 하는 별거 중인 미혼 자녀

이 가능한지 차이가 발생한다.

또한 일상생활배상책임 담보는 피보험자 1인당 1건만 가입이 가능하다. 가족 1인당 1건의 가족일상생활배상책임 담보를 가입한다면, 해당 가족 간에는 중복가입 효과가 발생한다. 중복가입 시 실제 부담한 손해배상금을 초과하여 보장받을 수는 없겠지만, 최대 보장금액은 높이고 일정 금액 이상의 자기부담금은 낮출 수 있다. 그렇기 때문에 가족 1인당 1건의 담보 가입을 추천한다.

도표 7-2 일상생활배상책임 담보의 보상하지 않는 손해

구분	자녀일상생활배상책임	가족일상생활배상책임
보상하지 않는 손해	① 계약자, 피보험자, 법정대리인의 고의 ② 전쟁, 혁명, 내란, 사변, 테러, 폭동 등 ③ 천재지변(지진, 분화, 홍수, 해일 등) ④ 피보험자와 타인 간 손해배상 약정 ⑤ 핵연료물질, 방사선, 방사능 오염 ⑥ 티끌, 먼지, 석면, 분진, 소음 ⑦ 전자파, 전자장으로 인한 손해 ⑧ 벌과금 및 징벌적 손해 ⑨ 피보험자와 동거하는 친족 ⑩ 피보험자와 생계를 같이하는 별거의 친족 ⑪ 피보험자가 소유, 사용, 관리하는 재물에 대하여 정당한 권리를 가진 사람 ⑫ 피보험자의 심신상실 ⑬ 피보험자 또는 피보험자의 지시에 따른 폭행 또는 구타 ⑭ 항공기, 선박, 차량, 총기	① 계약자, 피보험자, 법정대리인의 고의 ② 전쟁, 혁명, 내란, 사변, 테러, 폭동 등 ③ 천재지변(지진, 분화, 홍수, 해일 등) ④ 피보험자와 타인 간 손해배상 약정 ⑤ 핵연료물질, 방사선, 방사능 오염 ⑥ 티끌, 먼지, 석면, 분진, 소음 ⑦ 전자파, 전자장으로 인한 손해 ⑧ 벌과금 및 징벌적 손해 ⑨ 피보험자의 직무수행이 직접적인 원인 ⑩ 증권에 기재된 주택을 제외한 부동산 ⑪ 피보험자의 피용인의 업무 중 신체 장해 ⑫ 피보험자와 세대를 같이 하는 친족 ⑬ 피보험자가 소유, 사용, 관리하는 재물에 대하여 정당한 권리를 가진 사람 ⑭ 피보험자의 심신상실 ⑮ 피보험자 또는 피보험자의 지시에 따른 폭행 또는 구타 ⑯ 항공기, 선박, 차량, 총기

* 보험사별 세부 약관 내용은 다를 수 있으니, 상세 내용은 해당 상품 약관 참조

두 번째, 보상하지 않는 손해에 대해서 반드시 알아둬야 한다. 대표적으로 일상의 반대라고 할 수 있는 업무상 발생한 손해에 대해서는 보상하지 않는다.

예를 들어 손님이 밥을 먹다가 뜨거운 감자탕을 옆 사람에게 엎어 화상을 입혔다면, 보상이 가능하다. 하지만 종업원이 음식을 나르던 중 감자탕을 손님에게 엎질렀다면, 업무상과실에 해당하여 보상이 되지 않는다. 그 외에도 지인에게 빌려서 사용하던 물건을 망가뜨린 경우, 다른 사람과 싸워서 상해를 입힌 경우, 보험가입자와 세대를 같이 하는 친족 간 사고의 경우도 보상에서 제외된다.

일상생활배상책임은 보장의 범위는 넓고 보험료는 저렴한 가성비 갑(甲)의 담보다. 꼭 가입해야 하는 필수 담보인 것이다. 하지만 약관에 따라 보상하는 가족의 범위와 보상하지 않는 손해가 다른 만큼, 가입 전 비교 또한 필수다.

자동차보험 저렴하게
가입하는 방법

대한민국 자동차 등록 대수는 2020년 말 기준으로 2,430만 대를 기록했다. 이는 인구 2.13명당 자동차 1대를 보유하고 있는 것으로 해마다 증가 추세에 있다. 자동차 등록 대수가 늘어나면 자동차보험 가입 대수도 늘어난다. 왜냐하면 자동차보험은 자동차를 소유한 사람이라면 누구나 반드시 가입해야 하는 의무보험이기 때문이다. 매년 가입해야 하는 보험인만큼 조금이라도 저렴한 보험을 찾으려고 한다.

그런데 가격을 쫓다 보면 정작 중요한 보장을 놓치는 경우가 많다. 저렴한 자동차보험을 찾기 전에 자동차보험의 담보 구성을 이해하는 것이 중요하다. 보험료 절약을 위해 꼭 필요한 담보를 빼고 가입하는 우를 범하지 않기 위해서다. 자동차보험은 타인이 다친 것(대인배상 I~

Ⅱ), 본인이 다친 것(자기신체손해, 자동차상해), 타인의 차가 파손된 것(대물배상), 본인의 차가 파손된 것(자기차량손해), 무보험차로 다친 것(무보험차상해), 이렇게 5가지 담보로 구성된다. 여기서 대인배상Ⅰ과 대물배상(2천만 원 한도) 담보는 반드시 가입해야 하는 책임보험, 의무보험에 해당한다.

보험료 부담을 이유로 의무보험만 가입하고 도로를 주행하는 경우도 있다. 이때 문제는 의무보험만 가입한 경우 사고로 상대방이 사망했을 경우 1억 5천만 원, 부상했을 경우 3천만 원, 차량이나 물건에 대한 손해는 2천만 원 한도 내에서만 보상한다. 따라서 보장범위를 초과한 손해에 대해서는 운전자가 직접 배상하고 형사상 책임까지 져야 할 수도 있다. 이런 이유로 자동차보험은 의무보험이 아니라 종합보험으로 가입해야 한다. 그래서 지금부터는 자동차종합보험을 가입할 때 망설이는 가장 큰 이유인 보험료를 절약할 수 있는 방법을 알아보겠다.

첫 번째, 비교견적을 이용하면 된다.

대부분 고객들은 텔레마케터나 GA설계사들을 통해서 비교견적을 받는다. 이때 잦은 연락과 가입 독촉으로 불편을 겪은 경험이 있을 것이다. 하지만 '보험다모아' 사이트를 이용하면 쉽게 내 자동차보험의 비교견적을 받을 수 있다. 보험다모아 홈페이지 첫 화면에서 '자동차보험'을 누르면 개인용 자동차보험을 비교할 수 있는 화면이 나올 것이다. 만기 도래 30일 이내 계약만 보험료 조회가 가능하고, 차량가액 등이 표준화되지 않은 일부 차종(병행수입 외제차, 15년 초과 차량, LPG 차량 등)

은 보험료 조회서비스 이용이 제한될 수 있다.

두 번째, 각종 할인형 특약을 이용하면 보험료 절약이 가능하다. 다음과 같다.

① 차량용 영상기록장치(블랙박스) 장착 시 보험사에서 2~3%의 보험료를 할인해준다. 가입 시 블랙박스 장착 사진과 차량 번호판 사진만 보험사에 송부해주면 된다.

② 평소 주행거리가 짧은 운전자라면 마일리지 특약을 활용하면 된다. 차량의 주행거리를 가입 시와 만기 시에 사진을 찍어서 보험사에 보내주거나 OBD(운행기록 자기진단장치)를 활용하여 전송해주기만 하면 된다. 보험사마다 차이가 있지만

연간 주행거리(15,000km 이하)에 따라 할인율이 달라진다. 주말 운전자나 단거리 운전자라면 자동차보험을 가입할 때 마일리지 특약 가입을 추천한다.

③ 커넥티드카(Connected Car)의 경우 보험료를 할인받을 수 있다. 커넥티드카는 자동차 출고 시 장착된 단말기를 활용하여 실시간으로 자동차의 사고 및 운행정보를 주고 받을 수 있는 차량이다. 대표적으로 현대차 블루링크(Blue Link), 기아차 유보(UVO)가 해당된다. 회사마다 차이가 있지만 운행정보를 토대로 안전운전 점수가 일정 기준 이상 충족 시 추가 할인이 적용되는 경우도 있다. 그러니 커넥티드카 운전자라면 꼭 확인이 필요하다.

④ 차선이탈 경고장치가 장착된 차량은 보험료 할인이 가능하다. 기본뿐만 아니라 옵션으로 장착된 경우도 해당되므로 가입 시 보험사에 꼭 알려야 한다.

⑤ 만 6세 이하 자녀가 있으면 자녀 할인 특약을 통해 보험료를 절약할 수 있다. 회사마다 할인조건, 할인율 등에 차이가 있으므로 가입 전 확인이 필수이다.

세 번째, 운전자 범위 지정을 통해 보험료를 절약할 수 있다.

차량을 가족 전부가 사용하지 않는다면 연령 특약 및 1인 한정 특약 등을 이용하여 보험료를 할인받을 수 있다. 예를 들어 부부가 함께 운전을 하고 만 30세 이상이라면, 30세 이상 연령 특약과 부부 한정 특약 가입을 통해 보험료를 절약할 수 있다.

사실 앞에서 살펴본 여러 가지 할인 제도들은 대다수 고객이 직접 챙기기에 어렵다. 그래도 지금 가입되어 있는 자동차보험 만기가 돌아

온다면, 내 갱신 조건들을 따져보자. 여기에 앞에서 정리한 할인 방법들을 꼼꼼하게 챙겨보자. 그렇게 하면 이전 보험료보다 저렴하게 가입할 수 있을 것이다.

자동차보험,
자손이냐, 자상이냐

앞에서 살펴본 자동차보험의 5가지 담보 중, 본인이 다친 것을 보상해

주는 담보는 자기신체사고(이하 '자손'이라 함)와 자동차상해(이하 '자상'이라

함)이다. 둘 중 어떤 것을 가입하느냐에 따라 사고 시 보상에 큰 차이

가 있다. 우선 자손은 과실상계를 적용하고, 자상은 과실상계를 적용

하지 않는다. 과실상계란 사고발생 시 피해자의 과실이 손해의 발생

또는 확대에 기여한 정도에 따라 손해배상액을 확정할 때, 피해자의

과실 비율만큼 공제하는 것을 말한다. 예를 들어 자상 가입 시 과실

비율을 따지는 쌍방 사고가 발생할 경우에도 손해액 100%를 보상받

을 수 있다. 또한 보상한도도 자손은 부상치료비를 급수별 한도에 따

라 지급하지만, 자상은 부상치료비 급수 없이 실제 손해액을 보상한

다. 보상범위도 자손은 '치료비'에 한하여 보상하는 반면, 자상은 '치료비+위자료+휴업손해액+합의금'까지 보상해준다.

자손과 자상의 보상금액 차이를 예시를 통해 살펴보자. 가입자 A씨는 교통사고로 상해등급 12급에 해당하는 진단을 받았으며 100만 원의 치료비가 발생했다. 10일 동안 입원치료를 받으며, 하루 10만 원씩 총 100만 원의 휴업 손실도 입었다. 만약 A씨가 자손을 가입했다면, 상해등급 12급에 해당되기 때문에 보험금은 60만 원만 지급된다. 또한 나머지 치료비는 모두 A씨가 부담해야 한다. 하지만 A씨가 자상을

도표 7-4 **보상 비교: 자기신체사고 VS 자동차상해**

구분	자기신체사고	자동차상해
보상하는 손해 (부상의 경우)	실제 발생한 치료비 지급 (가입금액/상해급수 한도 내)	대인배상 지급기준에 따른 실제 손해액 지급 (위자료+휴업손해+치료비 등)
치료비	60만 원(12급 보상한도)	100만 원
위자료	보상안함	15만 원(12급 부상 위자료)
휴업손해	보상안함	85만 원 (10일 입원으로 휴업기간에 발생한 수입감소액 100만 원 시, 100만 원×85%)
합계	60만 원 지급	200만 원 지급

· 자동차사고로 운전자가 상해급수 12등급 부상으로 치료비 100만 원인 경우(해당 사례는 하나의 예시로써 가입금액 등에 따라 보험금이 달라짐)

가입했다면, 치료비 100만 원 외에도 위자료 15만 원, 휴업손해 85만 원까지 총 200만 원의 보험금을 지급받을 수 있다(《도표 7-4》).

예를 들어 사망 1억 원/부상 3천만 원/후유장해 1억 원에 가입했다고 하자. 그러면 (보험료 산정 기준: 35세 이상, 1인 한정특약, 17Z, YF 소나타)자손의 보험료는 12,140원이고 자상의 보험료는 29,830원이다. 실제로는 몇만 원 차이가 나지 않는다. 따라서 자동차보험을 가입할 때는 꼭 자손보다는 자상을 가입하는 것이 좋다.

당신의 대물보장은
충분하십니까?

서울에 사는 30대 직장인 나국산 씨는 출근을 하던 중 졸음운전으로 3중 추돌 사고를 냈다. 앞의 차량 2대가 모두 고가의 수입 차량이었는데, 얼마 후 보험사로부터 충격적인 소식을 들었다. 차량 2대의 수리비용이 1억 3천만 원이 발생했는데, 나국산 씨의 보험은 1억까지만 배상 가능하게 가입되어 있다는 것이다. 그래서 초과수리비용 3천만 원을 부담해야 된다는 것이다.

국산차라면 100만 원 이하로 해결할 수 있는 간단한 접촉사고도, 외산차의 경우 차종에 따라 수백만 원에서 수천만 원의 수리비가 발생하는 경우가 많다. 또한 수리에 필요한 부품을 수입하느라 수리를 기다리는 동안 발생하는 대차료(렌트카)도 큰 비용을 차지한다. 국토교

(단위 : 대)

연도	자동차 등록 대수			점유율(%)			비고
	계	국산	수입	계	국산	수입	
2020년	24,365,979	21,683,925	2,682,054	100.0	89.0	11.0	
2019년	23,677,366	21,263,179	2,414,187	100.0	89.8	10.2	
2018년	23,202,555	21,033,412	2,169,143	100.0	90.6	9.4	

통부 통계에 따르면 2020년에 등록된 자동차 중 11%가 외산차가 차지하고 있다.

이제 국내에 등록된 자동차 10대 중 1대는 외산차인 시대다. 이런 외산차의 점유율은 해가 지날수록 증가 추세에 있다. 이 말은 앞으로 외산차와 사고를 당할 가능성도 점점 높아진다는 뜻이다. 운전 중 깜박 졸다가 눈을 떴는데, 앞에 멈춰 있는 차가 평생 한 번도 본 적이 없는 초호화 외산차라면 생각만해도 아찔하지 않은가? 이런 만약의 사태를 대비하기 위해서라도 지금 내가 가입하고 있는 자동차보험의 증권을 꼼꼼히 살펴봐야 한다.

자동차보험의 대물배상은 상대방 차량의 손해액을 가입금액 한도 내에서 실제 손해액만큼 보상해주는 담보다. 가입금액은 2천만 원에

(단위 : 1천 대)

가입금액	2017년		2018년		2019년		비고
	가입대수	구성비	가입대수	구성비	가입대수	구성비	
1억 원 미만	629	4.0%	617	3.8%	612	3.7%	
1억 원	1,805	11.4%	1,503	9.2%	1,140	6.8%	
2억 원	6,583	41.6%	6,300	38.7%	5,128	30.7%	
3억 원 이상	6,810	43.0%	7,879	48.3%	9,812	58.8%	
전체	15,827	100.0%	16,300	100.0%	16,692	100.0%	

· 가입대수는 해당기간 말 대물담보 부보대수 기준 개인용 자동차보험 기준
· 자료 : 보험개발원

서 10억 원 사이로 선택이 가능하다. 충분한 가입금액을 설정해둔다면, 고가의 차량과 사고가 난다 하더라도 배상비용에 대한 걱정은 덜 수 있다.

최근 대물배상 가입금액을 3억 원 이상으로 선택한 가입자 비율이 증가하고 있다. 실제로 대물배상 가입금액에 따른 보험료(보험료 산정기준: 35세 이상, 부부한정 특약, 17Z, 뉴SM5)를 비교해보면 2천만 원의 보험료가 200,100원, 1억 원의 보험료는 246,590원, 3억 원의 보험료는 256,540원, 5억 원의 보험료는 258,160원, 10억 원의 보험료는 263,480원이다.

가입금액 1억 원과 10억 원의 보험료 차이는 약 2만 원대에 불과하다.

"쿵!" 하는 순간 "억!" 소리가 나는 외산차가 계속 늘어나고 있다. 이런 상황에서는 만약의 사태를 대비하기 위해 1년 보험료 2만 원을 더 내서 충분한 가입금액을 준비하는 것이 훨씬 현명한 선택이 될 것이다. 지금 당장 내 자동차보험의 대물배상 가입금액이 얼마로 설정되어 있는지 확인해보자. 가입금액이 적다면 고민하지 말고 가입금액을 3억 원 이상으로 증액하는 것을 추천한다.

무보험자동차 대비,
무보험차상해가 필요하다

대구에 사는 나억울 씨는 횡단보도를 건너던 중 교통사고를 당했다. 그래서 가해자에게 보험 접수를 요청했는데, 놀라운 사실을 알게 되었다. 가해 차량이 '대포차'라는 것이다. 당연히 자동차보험도 가입되어 있지 않았다. 나억울 씨는 치료비 등 경제적 손실을 어떻게 보상받을지 걱정이다.

  교통사고 가해자가 자동차보험만 제대로 가입되어 있다면, 피해자는 치료비 등 경제적 손실에 대해 충분히 보장받을 수 있다. 하지만 사례처럼 가해 차량이 무보험 자동차라면 이야기가 달라진다. 가해자가 보험사의 보상 없이도 피해자의 경제적 손실을 충분히 배상해줄 능력이 된다면, 별 문제가 되지 않는다. 하지만 이런 경우는 흔치 않을 것이다. 거기다 뺑소니 사고라면 가해자에게 개인적인 배상을 받을 수 있는 방법도 사라지게 된다.

이처럼 무보험차(의무보험만 가입한 차량 포함)나 뺑소니자동차에 의한 사고로 죽거나 다쳤을 경우 보상받을 수 있는 특약이 바로 '무보험차상해' 담보이다. 이 담보에서 보상받을 수 있는 경우는 무보험차 또는 뺑소니자동차에 의해 운전 중, 보행 중, 타차에 동승 중 사고를 당한 경우이다. 가입금액은 2억 원 또는 5억 원 중에서 선택이 가능하다.

무보험차상해 담보 가입 시 기명피보험자 및 기명피보험자 배우자, 기명피보험자 또는 그 배우자의 부모 및 자녀는 보험가입 차량에 타고 있지 않은 경우에도 보상받을 수 있다. 피보험자동차에 탑승 중인 승낙피보험자, 앞에 규정한 피보험자를 위하여 피보험자동차를 운전 중인자도 보상이 가능하다. 하지만 자동차 취급업자가 업무로서 위탁받은 피보험자동차를 사용·관리하는 경우에는 보상받을 수 없다.

무보험차상해 담보는 자동차보험을 가입할 때 대인배상, 대물배상, 자기신체사고를 모두 가입한 경우에만 가입할 수 있다. 보험료는 (보험료 산정 기준: 35세 이상, 1인 한정특약, 17Z, YF 소나타)가입금액 2억 원 기준 4,380원, 5억 원 기준 4,530원으로 다른 담보에 비해 저렴하다. 무보험차 또는 뺑소니자동차에 사고를 당해 피해자가 되는 경우, 원만한 보상처리가 힘들다. 이러한 점을 감안하여 자동차보험 가입 시 빼놓지 말고 가입하기를 추천한다.

51

숨어있는 보물,
다른자동차운전담보 특약

여러 가지 이유로 내 자동차가 아닌 다른 사람의 자동차를 운전한 경험은 누구나 한 번쯤은 있을 것이다. 대부분 사고가 난 경험이 없어 타인의 자동차 운전대를 쉽게 잡는다. 그러나 만약 사고가 나서 발생할 문제를 떠올린다면, 운전대에 손을 올리는 것이 망설여질 것이다.

직장인 나사원 씨는 얼마 전 상사인 박과장이 운전하는 차로 함께 출장길에 올랐다. 출장에서 돌아오는 길에 박과장이 피곤한 것 같아 나사원 씨가 차를 대신 운전했다. 그러다가 앞에서 운전하던 고가의 외제차와 추돌하는 사고가 발생했다. 박과장의 자동차보험은 운전자 범위가 본인 한정으로 되어 있어서 나사원 씨가 운전한 경우 보상받을 수 없다는 말을 듣고 눈앞이 깜깜해졌다. 나사원 씨가 보상받을 수 있는 방법은 정말 없을까?

결론부터 말하면 '다른자동차운전담보' 특약에 가입되어 있다면 보상이 가능하다. 다른자동차운전담보는 자동차보험 가입자 및 그의 배우자가 다른 자동차를 운전하다가 낸 사고에 대해 보상해주는 특약이다.

이 특약은 별도의 보험료를 내고 가입하는 것이 아니다. 앞에서 살펴본 '무보험차상해담보' 특약에 가입하면 자동으로 가입된다. 자동차 보험 증권에도 잘 표기되어 있지 않기 때문에 '숨어 있는 특약'이라고 부르기도 한다. 지금부터 이 숨어 있는 보물 특약에 대해 자세하게 살펴보겠다.

다른자동차운전담보 특약은 쉽게 말해 내가 다른 사람의 자동차를 운전하던 중 사고를 냈을 때, 내 자동차보험의 담보를 내가 사고를 낸 다른 사람의 자동차에 적용해 보험처리를 해주는 것이다. 보상하는 손해는 '대인배상', '대물배상', '자기신체사고'이다. 앞의 사례에서 나 사원 씨 본인 차에 가입한 자동차보험에 '다른자동차운전담보' 특약이 가입되어 있다면, 사고 시 발생하는 4가지 경우를 보상받을 수 있다. 4가지 경우는 다음과 같다.

① 추돌한 고가의 외제차 수리비: 대물배상
② 추돌한 고가의 외제차 운전자 치료비: 대인배상

③ 박과장과 나사원의 치료비: 자기신체사고

④ 박과장 소유의 자동차 수리비: 대물배상*

*일부 회사의 경우 별도 특약(다른자동차 차량손해지원) 가입 시 보상 가능

단, 이 특약도 주의할 사항이 몇 가지 있다.

첫째, 기명피보험자(보험증권에 이름이 기재된 사람)의 부모, 배우자, 자녀가 소유하거나 통상적으로 사용하는 차량은 '다른자동차' 범위에 포함되지 않는다. 즉, 내가 아버지의 차를 빌려 타다 사고를 냈다면 '다른자동차운전담보' 특약에서 보상받을 수 없다.

둘째, 자가용자동차(비사업용 자동차로서 관용자동차 이외의 자동차로 사업용과 이륜차는 제외)로서 피보험자동차와 동일한 차종에 한해서만 이 특약을 적용할 수 있다. 승용자동차, 경·3종승합자동차 및 초소형·경·4종화물자동차 간에는 동일한 차종으로 인정 가능하다. 예를 들어 내가 소유한 차량이 2000cc의 중형 승용차라면 경차/소형차/준중형차/중형차/대형차 등 일반승용차는 물론 7~10인승의 다인승승용차, 1톤 이하의 4종 화물차, 배기량 800cc 이하의 경화물/경승합차가 동종의 차량에 포함된다. 하지만 2.5톤 트럭이나 12인승승합차를 몰다가 사고를 냈다면, '다른자동차운전담보' 특약 적용을 받을 수 없다.

셋째, 자동차정비업 등 자동차 취급업무상 수탁 받은 자동차를 운전하던 중 생긴 사고, (대리운전처럼)요금 또는 대가를 지불하거나 받고

다른 자동차를 운전하던 중 생긴 사고는 보상받을 수 없다.

혹시나 다른 사람의 차를 빌려 운전할 일이 있다면, 내 차 보험에 이 특약이 가입되어 있는지 사전에 꼭 체크해야 한다. 또 누가 내 차를 빌려달라고 하는 경우에도 상대의 자동차보험에 '다른자동차운전담보' 특약이 가입되어 있는지 확인해야 한다. 자동차보험은 의무보험인만큼, 가입 유무만 확인할 게 아니라 어떻게 가입되어 있는지 더 늦기 전에 점검해봐야 한다.

자동차보험이 있어도,
운전자보험이 필요하다

자동차보험과 운전자보험의 차이를 모르는 사람들이 많다. 종종 필자도 질문을 받는다. 예를 들어 담당 설계사가 운전자보험을 가입하라는데, 자기는 이미 자동차보험에 가입되어 있다는 것이다. 이 질문에 대한 답은 자동차 사고의 가해자가 된 경우를 생각해보면 된다.

실제로 자동차 사고가 발생해 본인이 가해자가 되면 민사적 책임, 형사적 책임, 행정적 책임, 총 3가지 책임이 발생한다. 이 중에서 자동차보험에서 보장받을 수 있는 건 민사적 책임이다. 이것은 피해자에게 발생한 신체와 재물에 대한 경제적 피해를 충분한 보상을 통해 해결해주는 것이다.

그렇다면 나머지 형사적 책임과 행정적 책임은 어떤 경우에 발생할

도표 7-7 **12대 중과실 교통사고**

①	신호 및 지시위반	②	중앙선 침범 또는 불법 횡단·유턴·후진 위반
③	제한속도를 20km 초과한 속도 위반	④	앞지르기 금지 또는 끼어들기 금지 위반
⑤	건널목 통과 방법 위반	⑥	횡단보도에서의 보행자 보호의무 위반
⑦	무면허 운전	⑧	음주운전 또는 약물 복용 운전
⑨	보도침범 또는 보도횡단 방법 위반	⑩	승객 추락방지의무 위반
⑪	어린이보호구역(스쿨존)에서의 주의의무 위반	⑫	화물고정조치 위반

· 교통사고처리특례법 제3조 제2항 단서(제1호 내지 제12호)

까? 먼저 형사적 책임은 12대 중과실 교통사고 시 민사적 책임과 별도로 발생한다. 운전자보험은 이때 발생하는 형사적 합의를 위한 '교통사고 처리지원금', 형사처벌 시 발생되는 '운전자 벌금', 피해자에게

도표 7-8 **보장범위: 자동차보험 VS 운전자보험**

자동차 보험	민사적 책임	타인의 신체와 재물에 끼친 손해배상책임 ·대인 I ·대인 II ·대물
운전자 보험	형사적 책임	중대법규 위반 교통사고 또는 중상해 사고 발생 시 형사처벌 ·교통사고 처리지원금 ·자동차사고 벌금비용 ·자동차사고 변호사 선임비용
	행정적 책임	면허취소/정지 등의 행정처분 ·면허취소위로금 ·면허정지위로금

기소된 경우 발생하는 '변호사 선임비용' 등의 비용을 보장해준다. 그
뿐만 아니라 면허정지, 면허취소와 같은 행정적 책임에 대해서도 면허
정지 위로금, 면허취소 위로금 등을 운전자보험을 통해 보장받을 수
있다.

정리하자면 운전자보험은 자동차보험에서 보장해주지 않는 형사적
책임과 행정적 책임을 보장해주는 보험이다. 크게 교통사고 처리지원
금(형사합의금지원금), 자동차사고 벌금, 변호사 선임비용, 면허정지/취소
위로금 담보를 핵심으로 한다.

예를 들어 평소보다 출근 시간이 늦은 안지각 씨가 급한 마음에 불

법유턴을 하던 중 반대 차선을 달려오던 차량과 추돌사고를 냈다. 차량이 파손된 것은 물론, 차량 운전자 또한 적지 않은 부상을 입었다. 안지각 씨는 자동차보험에 제대로 가입했으니 큰 문제가 없을 것이라고 생각했지만, 12대 중과실 교통사고의 가해자로 형사처벌 대상이라는 청천벽력 같은 소식을 듣게 되었다. 형사합의 비용에 벌금까지 부과될 상황에 직면하게 된 것이다.

이때 만약 안지각 씨가 자동차보험 외에 운전자보험을 별도로 가입하고 있다면, 피해자와의 형사합의금뿐만 아니라 사고 벌금까지 보장받을 수 있다. 또한 소송을 하게 된다 하더라도 변호사를 선임하는데 들어가는 비용 또한 보장받을 수 있다(단, 사고를 내고 도주한 경우나 음주·무면허 상태에서 운전하던 중 발생한 사고는 보상의 대상이 될 수 없다).

여기에다 담보를 어떤 것을 선택하느냐에 따라 교통사고로 입원 시 일당 및 생활비, 그리고 일상생활 중에 발생할 수 있는 골절 등 상해사고와 배상책임에 대해서도 보장받을 수 있다. 운전자보험은 1~2만 원대 보험료로 가입이 가능한 상품이다. 운전을 자주하는 운전자라면 반드시 가입해야 하는 중요한 보험이다.

53

화재보험,
반드시 알아야 할 4가지

우리나라에서 집을 장만하는 것은 다른 나라에 비해 훨씬 오랜 시간이 걸린다. 평균 소득에 비해 집값이 월등하게 비싸기 때문이다. 실제로 2020년 고용노동부 및 한국감정원 자료를 분석한 결과를 보면, 서울 지역 5인 이상 사업장에서 근무하는 근로자의 1인당 월급여는 360만 원이다. 반면 32평 아파트(전용면적 85제곱미터)를 구입하는 데 걸리는 시간(평균 시가 9억 1,216만 원)은 21.1년이 걸리는 것으로 조사되었다. 돈한 푼 안 쓰고 모아도 일생을 다 바쳐 집 장만에만 헌신할 수밖에 없는 것이다.

실제로 1차 베이비부머(1944~1952년생, 712만 명)의 은퇴자산을 보면 부동산이 자산의 80%를 차지하는 것으로 통계에 나와 있다. 아이러니

한 것은 이렇게 일생을 바쳐 마련하는 집에 대한 주택화재보험 가입률은 30%밖에 되지 않는다는 것이다. 미국은 96%, 일본은 80%가 주택화재보험에 가입되어 있는 것에 비해 턱없이 부족한 게 사실이다. 물론 대단지 아파트의 경우 관리사무소에서 화재보험을 단체로 가입하기 때문에 73% 수준으로 가입률이 높지만, 단독주택이나 연립, 공동주택은 30% 수준에 머물고 있다.

문제는 바로 여기서 출발한다. 개인의 가장 큰 자산인 주택에 화재가 발생했을 경우에 대한 대비가 전혀 없다는 것이다. 전체 화재의 25%는 우리가 거주하는 주택에서 발생한다는 사실 또한 간과하지 말아야 할 부분이다. 아마도 화재보험에 대해 잘 모르거나 적극적으로 권유하는 사람이 없었기 때문에 화재보험에 가입하지 못한 경우가 대다수일 것이다.

사실 주택화재보험료는 소멸성으로 가입할 경우 1년에 1~2만 원, 환급형으로 가입할 경우에도 월 2~3만 원 수준으로 상당히 저렴하다. 큰 부담 없이 바로 가입이 가능하다. 그래서 제대로 된 화재보험 가입을 위해 반드시 알아야 할 4가지를 알려주고자 한다.

첫 번째, 이제는 나의 중대한 과실이 아니더라도 우리 집에서 발생한 화재로 인해 옆집에 불이 옮겨 붙었다면, 내가 배상책임의 의무를 진다.

이는 2009년 5월 실화법*이 개정되었기 때문이다. 실제로 아파트에 화재가 나게 되면 옆집으로 불이 옮겨붙지 않았다 할지라도, 윗집에는 연기 및 그을림으로 피해가 발생한다. 물대포를 사용하게 되면 아랫집과 윗집 유리창이 깨지는 경우도 다반사다. 이런 경우에도 배상책임의 의무가 발생한다. 따라서 이제는 본인의 건물 및 가재도구에 대한 직접적인 화재피해뿐만 아니라, 옆집으로 화재가 옮겨붙을 경우 및 소방활동으로 인한 피해 등에 대한 대비책도 마련해둬야 한다. 그래서 꼭 화재보험이 필요하다.

두 번째, 16층 이상 아파트에 살고 있다면 아파트관리사무소에서 가입한 화재보험만으로는 부족하다.

아파트 화재보험은 대부분 건물에 대해서만 화재보험이 들어 있기 때문에 내부 가재도구(가구, 가전제품 등)에 대한 보상을 받기 어려운 경우가 많다. 화재보험과 같이 들어가 있는 신체배상책임 특약은 아파트에 거주하는 사람이 화재로 인해 신체에 손상을 입었을 경우에는 보상을 하지 않는다(외부인의 경우에만 보상). 게다가 화재배상 특약 또한 가입되지 않은 경우가 많아 이웃집에 번진 손해에 대해서는 고스란히 내가 보상해줘야 한다. 따라서 아파트에서 가입한 화재보험만 믿지 말고

---

* 실화법 개정 전에는 실화 책임에 관한 법률은, 실화자에게 중대한 과실이 있는 경우에 한하여 불법행위로 인한 손해배상책임을 지우게 할 목적으로 제정한 법률이었다(1961·4·28·법률 제607호). 이 법률에 따르면 가벼운 과실로 인한 경우에는 실화자에게 손해배상책임이 없고, 중대한 과실이 있는 경우에 한해 불법행위로 인한 손해배상책임(민법 제750조)을 지도록 되어 있었다. 그러나 실수로 불을 내도 중대한 과실이 있을 때에만 「민법」제750조에 따른 손해배상책임을 지도록 한 규정에 대해 헌법재판소가 헌법불합치 및 적용중지 결정을 했다(헌재 2007·8·30·2004헌가25).

별도로 화재보험을 가입해야 한다.

세 번째, 전세나 월세 세입자는 임차인으로서 임대인에 대한 원상복구의 의무가 있다.

화재가 발생하면 이웃집에 대한 배상책임은 물론이고, 자기가 임차한 집에 대해서도 원상복구 의무를 지게 된다. 대부분은 '화재보험은 집주인이 들었으니 안심이다'라고 생각하는 경우가 많은데, 임대인이 화재보험에 가입했을지라도 세입자가 화재의 직접적인 제공자라면 보험사에서는 구상권*을 행사해 임차인인 '나'에게 배상을 청구하게 된다. 따라서 집주인뿐만 아니라 세입자의 경우에도 주택화재보험 가입은 필수다.

네 번째, 불이 나게 되면 재산피해, 배상책임뿐만 아니라 벌금까지 부과된다.

우리나라 형법 제 170조(실화)를 보면, 1조 실화(과실, 즉 실수)로 타인의 물건에 피해를 입힌 경우, 2조 실화로 자신의 물건에 피해를 본 경우에도 벌금이 부과된다고 되어 있다. 이러한 화재벌금은 업무상 실화 혹은 중과실일 경우 최대 2천만 원, 실화일 경우 최대 1,500만 원까지 부과되게 된다. 실제 사례에서도 찾아볼 수 있다. 집에서 가스불에 라면을 끓이다가 잠깐 잠이 들어 건물에 화재가 발생된 경우, 본인 부주

---

* 채무를 대신 변제해 준 사람이 채권자를 대신하여 채무당사자에게 반환을 청구할 수 있는 권리

의로 인한 화재벌금 50만 원이 부과되었다. 또 음식점 주인이 주방 조리대 주변과 환풍기의 인화성 기름 찌꺼기 등을 제대로 청소하지 않아 가스불 근처에 남아 있던 불씨가 환풍구를 통해 건물 전체에 번진 경우, 700만 원의 화재벌금이 부과되었다.

이런 사례를 보더라도 화재보험에 반드시 '화재벌금' 담보를 가입해 두는 것이 중요하다. 화재벌금 담보는 우리 집에서 불이 나서 부과된 화재벌금만 보상해주는 것이 아니라, 피보험자가 어느 곳에서든 화재로 인한 벌금을 부과 받게 되면 이 담보로 보상을 받을 수 있다. 화재벌금 담보 보험료도 월 3~7원의 수준(1년 보험료라고 해봤자 36~84원 수준이다)으로 아주 미미하다. 그러므로 화재보험을 가입한다면 절대 빠뜨려서는 안 된다. 단, 화재벌금 담보는 피보험자 개인마다 적용되는 담보이므로 성인 가족이라면 모두 각각 가입해야 한다는 점에 유의하자(15세 미만 자녀는 벌금이 부과되지 않으므로 가입할 필요가 없다).

화재보험을 가입할 때는 소멸성이든 환급형이든 본인의 성향에 맞게 가입하면 된다. 보통의 경우 환급형 화재보험이 만기가 길기 때문에 거주하는 동안 신경 쓰지 않고 향후 화재보험료 인상에 대한 걱정을 덜 수 있다. 조금만 신경 쓰면 아주 저렴한 금액으로 나의 재산목록 1호를 현명하게 지킬 수 있다.

화재보험 가입,
이것만 기억하면 된다

화재보험은 다른 보험보다 상당히 까다롭고 복잡하다. 그 이유는 가입대상으로 물건을 취급하는 물보험(物保險) 중에서도 몇 안 되는 미평가보험이기 때문이다. 보통 물보험은 보험의 목적물에 대해 보험을 가입할 때 가입금액과 해당 목적물의 가액을 가입시점에서 평가하게 되는데, 이것이 바로 기평가보험이다. 반면에 미평가보험은 가입시점에 해당 목적물의 가액을 평가하지 않고 나중에 사고가 나면 그때서야 평가하기로 미룬 보험이다. 그래서 화재보험이 다른 보험과 달리 어렵고 복잡하다. 보험가입금액(증권상가입금액)과 사고시 건물, 집기, 시설의 보험가액이 일치하기 어렵기 때문이다. 어쨌든 이런 복잡한 화재보험도 다음의 상황만 잘 체크하면 제대로 가입할 수 있다.

첫 번째, 가입 시 보상방식을 실손비례보상이 아닌 실손전부보상을 선택한다.

대부분 화재보험은 실손비례보상 방식이 많다. 실손비례보상 방식을 택하게 되면 화재손해액을 전부 보상받지 못하는 케이스가 더러 생긴다. 예를 들어 상품, 반제품 같은 동산에 화재보험을 1억 가입했는데, 1억 원만큼 화재손해가 발생했다고 해보자. 당연히 1억 원을 가입해서 1억 원 손해가 났으니 나는 1억 원을 보상 받겠지라고 생각하지만, 천만의 말씀이다.

화재보험은 미평가보험이라서 불이 나면 보험가액을 평가하게 되는데, 이때 보험가액(창고에 있는 상품의 가액)이 2억 원이라고 가정해보자. 그렇다고 하면 실손비례보상 공식(《도표 7-10》 1번)에 의해 보험금은 5천만 원이 나가게 된다. 2억 원의 상품 중에 1억 원만 보험에 가입했으니, 그 비율만큼 보상하겠다는 의미다. 고객은 이런 설명을 제대로 들어본적도 없고 이해도 안 될 수밖에 없다. 그래서 실손비례보상 방식의 상품보다는 실손전부보상 방식의 상품인지 확인해야 한다. 실손전부보상의 경우에는 앞의 사례에서 5천만 원이 아닌 1억 원을 보상하기 때문이다(실손전부보상은 보험가액을 따지지 않고 가입금액한도 내에서 실제 손해액을 보상한다).

두 번째, 화재배상은 최대 한도로 가입해야 한다.

불이 나면 내가 가진 건물, 집기, 시설, 동산, 기계에 대해 보상하는 담보를 화재손해라고 한다. 반면에 화재배상은 내가 낸 불이 타인의

도표 7-9 화재보험 업종별 필수 담보

구분	소구분	화재손해	재물손해	배상책임 (필수 담보)	비용손해
주택	단독, 빌라, 다가구 등	건물, 가재도구	도난손해, 급배수설비누출손해, 풍수재손해	화재배상, 일상생활배상, 임대인배상	화재벌금
일반	음식점	건물, 집기, 시설	건물복구비용, 시설수리비용, 구내폭발파열, 점포휴업손해	화재배상, 시설소유관리자배상, 음식물배상, 가스배상	
	판매점	건물, 집기, 시설, 동산	건물복구비용, 시설수리비용, 도난손해, 점포휴업손해	화재배상, 시설소유관리자배상	
	pc방	건물, 집기, 시설	건물복구비용, 시설수리비용, 도난손해, 점포휴업손해	화재배상, 시설소유관리자배상	
	스크린골프장	건물, 집기, 시설	건물복구비용, 시설수리비용, 도난손해, 점포휴업손해	화재배상, 시설소유관리자배상, 보관자배상	
	노래방, 유흥주점, 단란주점	건물, 집기, 시설	건물복구비용, 시설수리비용, 점포휴업손해	화재배상, 시설소유관리자배상	
	학원	건물, 집기, 시설	건물복구비용, 시설수리비용, 점포휴업손해	화재배상, 학원배상, 구내외치료비	
	차량정비업소	건물, 집기, 시설, 기계, 동산	건물복구비용, 시설수리비용, 점포휴업손해	화재배상, 차량정비업지배상	
	이미용실	건물, 집기, 시설	건물복구비용, 시설수리비용, 점포휴업손해	화재배상, 이미용배상, 시설소유관리자배상	
공장	공장	건물, 집기, 시설, 기계, 동산	건물복구비용, 시설수리비용	화재배상	

도표 7-10 **화재보험 실손비례보상 계산공식**

1번	2번
$손해액 \times \dfrac{보험가입금액}{보험가액}$	$손해액 \times \dfrac{보험가입금액}{보험가액 \times 80\%}$

신체나 재물에 피해를 입혀서 내가 법률상 배상책임을 지는 경우에 필요한 담보다. 앞에서 말한 바와 같이 2009년 실화법 개정으로 중과실이 아니더라도 이제는 불을 낸 사람이 보상을 해야만 한다. 그래서 화재손해보다 화재배상이 실제로 더 큰 손실을 끼칠 확률이 높다. 주택이든 상가든 공장이든 화재배상을 가입하는 것은 매우 중요하다. 여기에 화재대인 및 화재대물 보상한도를 꼭 확인해야 하며, 대인 및 대물 보상한도를 최대로 가입시켜주는 보험사를 택하는 것이 유리하다.

세 번째, **업종별로 꼭 필요한 필수 담보를 체크한다.**

화재보험은 건물, 가재, 집기, 시설, 동산, 기계, 6가지 목적물에 대한 화재손해 외에도 가입해야 할 담보가 무궁무진하다. 업종별로 그런 담보를 빼먹게 되면 여러 가지 상황에서 보상이 불가능한 경우가 많다. 업종별로 필요한 담보를 대략적으로 정리하면 〈도표 7-9〉와 같다.

누수사고, 주택화재보험으로 보상받을 수 있다

화재사고보다 더 많이 일어나는 사고 중 하나를 꼽으라면 누수사고다. 건물이 오래된 경우 배관의 부식으로 아랫집으로 물이 새는 일은 공동주택에서 심심찮게 일어난다. 이런 경우에는 배상책임으로 보상이 가능한데, 전제조건은 아랫집에 누수로 인한 손해가 발생하여 법률상 배상책임이 생겨야 한다. 주택의 경우 이런 배상책임을 보상해주는 것이 바로 '일상생활배상책임'이라는 담보다.

다만 주의할 것은 일상생활배상책임으로 주택의 누수에 대한 배상책임을 보상하려면 2가지 조건을 충족해야 한다는 것이다. 첫 번째, 증권상 주소지가 배상책임이 발생한 주택과 일치해야 한다. 두 번째, 피보험자가 그 주택에서 거주해야 한다. 2가지 조건이 충족될 경우, 아랫집에 누수사고 피해를 입힌 손해를 일상생활배상책임보험으로 보상하는 게 가능하다. 2020년에 출시된 '일상생활배상책임' 담보는 앞의 2가지 조건을 따지지 않고 보상하는 경우도 있다. 하지만 거의 대부분은 2가지 조건이 충족될때만 보상이 가능하다.

그렇다면 내가 거주하지 않고 월세나 전세를 준 임대주택에서 난 누수사고도 보상이 가능할까? 보상이 가능하다. 단, '일상생활배상책임'이 아닌 '임대인배상책임' 담보를 가입해야 한다. 더불어 배상책임은 남의 물건에 대한 손해만 보상하기 때문에 누수사고로 물이 새어 내 건물, 가재도구에 손해가 났다면 보상받을 수가 없다. 이런 경우에는 '급배수설비누출손해'라는 담보를 가입하면 보상받을 수가 있다. 단, 유의할 것은 이 담보로는 급배수설비 자체에 발생한 손해는 보상받을 수 없고, 급배수설비 누출로 인한 나의 건물과 가재도구에 발생한 손해만 보상받을 수 있다는 점에 유의해야 한다. 주택의 누수사고 시 필요한 담보를 정리하면 〈도표 7-11〉과 같다.

도표 7-11 **주택의 누수사고를 보상받기 위해 필요한 담보**

피보험자 거주 여부	내 물건에 대한 보상	남의 물건에 대한 배상
거주	급배수누출손해	일상생활배상책임
비거주	급배수누출손해	임대인배상책임

또 한 가지 유의할 점은 누수사고 발생 시 배관수리비용에 대한 보상이 가능하냐다. 원칙적으로 배상책임은 '타인의 신체나 재물에 법률상 배상책임이 생길 경우'에만 보상이 가능하다. 하지만 다음의 경우는 가능하다. 지금 당장 수리를 하지 않으면 아랫집에 끼친 100만 원의 손해가 내일이면 200만 원으로 늘어난다고 해보자. 그러면 배상책임 약관에 명기된 '손해의 방지 및 경감에 유익했던 비용'이란 문구를 적용해 보상이 가능하다.

다만 아랫집에 누수가 멈추는 데까지 소요된 비용만을 손해방지 및 경감비용으로 인정하는 경우가 대다수다. 누수의 원인이 된 배관수리 후 바닥을 원상복구 시키기 위한 공사비(바닥공사, 타일공사) 등은 보상에서 대부분 제외되고 있다. 회사마다 보상기준이 다소 상이할 수 있다. 만약 누수사고가 발생하면 보상청구를 하기 전에 담당 플래너에게 문의를 한 후 보상절차를 진행하는 것이 바람직하다.

Chapter 8

노후보장보험 핵심 꿀팁

연금보험,
가장 오래가는 보험이다

현존하는 보험 중 어떤 보험보다 가입기간도 길고 혜택을 보기까지 오래 유지해야 되는 보험은 연금보험이다. 보통 연금보험은 '불입→거치→수령' 3가지 단계를 거친다. 예를 들어 30세의 남자가 20년 불입/60세 이후 20년 수령하는 조건으로 연금보험을 가입했다면, 30~50세까지는 불입기간이고, 50세~60세까지는 거치기간이고, 60세~80세까지는 수령기간이 된다. 따라서 은퇴설계를 위해 연금보험에 가입할 경우에는 적어도 다음 4가지를 고려해야 한다.

첫 번째, 은퇴예상시점의 소득대체율이다.

소득대체율이란 은퇴 이후 현재 대비 어느 정도 수준으로 소비할 것인가를 결정하는 것이다. 보통 은퇴 전 70% 수준으로 설계하지만,

사실은 꼼꼼한 계산이 필요하다. 예를 들어 은퇴시점의 막내 자녀 나이, 은퇴 이후 연금수령액, 재취업 및 창업 여부, 그리고 가지고 있는 자산규모에 따라 은퇴설계가 판이하게 달라지기 때문이다. 은퇴 이후 추가적인 소득이 발생할 재산이 있거나 재취업이 가능한 경우에는 소득대체율을 낮게 잡아도 된다. 그러나 60세에 은퇴하는 가장에게 아직 중학생인 늦둥이가 있다고 한다면, 소득대체율은 당연히 높아질 수밖에 없다.

두 번째, 은퇴설계는 본인뿐만 아니라 배우자의 나이까지 고려한 수령기간 설정이 필요하다.

평균수명으로 보면 여자가 남자보다 7년 정도 더 오래 살고, 부부 연령을 보면 여자가 3살 정도 남자보다 나이가 어리다. 남자의 경우 본인의 사망 이후에도 10년 이상 배우자를 위한 연금계획을 수립해야 한다. 남자가 60세에 은퇴해 평균수명을 90세까지 예측했다면, 노후가 30년이 아니라 배우자까지 고려한 40년이 되어야 하는 것이다. 예를 들어 은퇴연령이 60세이고 기대수명이 90세라고 해서 30년 동안의 노후생활만 준비하는 것은, 배우자를 고려하지 않은 불완전한 은퇴설계가 된다.

세 번째, 생활비 및 의료비를 고려한 연금 및 보험의 적절한 조합이 필요하다.

예를 들어 연금은 매월 200만 원씩 30년간 수령하기로 잘 계획되어 있다. 그런데 실손의료비 보험, 암보험 등 중요 보험에 대한 준비가 전혀 되어 있지 않다면, 질병 발생 시 그동안 세워놓은 은퇴계획이 무너질 수밖에 없다. 의료비가 나의 생활비를 갉아먹지 않도록 연금 및 보장보험의 적절한 조합이 필요하다.

네 번째, 연금가입 시에는 **연금수령시점의 화폐가치를 고려한 설계**가 필요하다.

30세 부부가 30년 뒤인 60세에 지금 돈으로 200만 원인 연금을 매월 받을 수 있도록 설계를 했다 할지라도, 30년 뒤에 200만 원은 물가상승으로 인해 지금보다 가치가 떨어질 수밖에 없기 때문이다. 그래서 보수적으로 물가상승률을 3% 정도 잡고 미래 연금수령액의 가치를 현재의 가치로 환산하여 준비하는 설계가 필요하다. 더욱이 앞으로 다가올 시대는 지속적으로 금리가 떨어지는 저금리시대이므로, 미래의 금리하락으로 인한 수익률 하락까지 고려해서 최대한 보수적으로 연금수령액을 계산해야 한다.

연금보험은 현존하는 상품 중에서도 기간이 가장 긴 상품이다. 투자수익률 변화, 금리하락 등 여러 가지 변수가 생길 수 있음을 충분히 고려해야 하는 것이다. 만약에 지금 당신이 앞으로 50년을 살아갈 집을 골라야 한다면, 어떻게 고를 것인가? 한 번 고른 집이 은퇴 이후 사망 시까지 이사를 가기도 어렵고 변경도 어렵다면, 더욱 신중하게 선택해야 하지 않을까?

은퇴와 관련한 연금상품은 다른 어떤 상품보다도 전문가에게 입체적으로 상담받아야 한다. 실제로 설계사들이 제안하는 연금보험 가입 설계는 3분만에 끝난다. 담보가 몇 개 되지 않기 때문이다. 그러나 연금보험가입을 위한 은퇴상담은 그렇게 쉽지 않다. 앞에서 말한 4가지에 대해 상세하게 언급해주지 않는 설계사라면, 은퇴와 관련한 연금설계에 대해서는 초짜임에 틀림없다.

57

세제적격연금
VS 세제비적격연금

연금보험은 연말정산 시 세액공제를 받는 세제적격연금보험(앞에 '연금저
축'이란 단어가 붙는다)과 10년 이상 비과세를 적용하는 세제비적격연금보
험(연금보험과 변액연금)이 있다.

먼저 연금저축(세제적격연금)을 살펴보면, 가입하는 곳에 따라서 연금
저축보험(보험사에 가입할 경우)과 연금저축펀드(증권사에 가입할 경우)로 구분
이 가능하다. 연금저축 80% 이상은 연금저축보험으로 보험사에서 가
입하는 경우가 제일 많다. 연금저축보험 중심으로 상품의 특징을 몇
가지 살펴보면 〈도표 8-1〉과 같다.

첫 번째, 연금저축보험의 이율은 공시이율을 적용한다. 2021년 9월
기준으로 1.4~2.0% 수준이다. 공시이율은 매월 금리변동에 따라 오

도표 8-1 세제적격연금 VS 세제비적격연금

구분	세제적격연금	세제비적격연금	
상품명	연금저축(보험/펀드)	연금보험	변액연금
세액공제	아래 표 참조	없음	
연금수령시 소득세	3.3~5.5% 연금소득세과세	5년 이상 불입, 10년 이상 유지시 비과세	
상품특징	저소득계층일수록 공제효과가 크다. 단, 5년 이상 불입하고 55세 이후에 연금수령 한도에 따라 수령해야 한다	공시이율로 부리되어 안정적인 연금이나 소득공제효과가 없어 실제수익률은 낮다	투자수익률로 부리되어 높은 연금수익률 가능하나 추가납입시 연금수익률도 가능하다
중도해지시 패널티	세액공제분은 (연금 및 이자)에 대하여 2013년 3월 이후 가입자: 기타소득세 16.5% 과세, 5년 이내 해지시 가산세 2.2% 추징 (2013년 3월 이전 가입자: 기타소득세 22% 과세, 5년 이내 해지시 가산세 2.2% 추징)	세액공제 받은 것이 없으므로 패널티도 없음	

세액공제 세부 표:

과세표준 (근로소득자)	연령 50세 미만	연령 50세 이상	공제세율
5,500만 원 미만	400만 원	600만 원	16.5%
5,500만~1억 2천만 원	400만 원	600만 원	16.5%
1억 2천만 원 이상		300만 원	13.2%

르거나 내릴 수 있다. 즉, 처음 설계 시 제시받은 연금수령금액이 아니라 향후 금리변동에 따라 연금수령액이 변할 수 있다는 것이다. 좋은 점은 최저보증이율(기간에 따라 0.3~1.5% 수준)이 있어 일정 수준 이하로 금리가 떨어져도 최저보증이율은 보장해준다는 것이다. 현재 시장금리는 지속적으로 낮아지는 추세다. 공시이율도 중요하지만 최저보증이율이 높은 상품을 선택하는 것이 좋다.

두 번째, 연금저축보험으로 연말정산 시 세액공제 혜택을 받기 위해서는 5년 이상 불입하고 55세 이후에 연금수령 한도 내에서 연금으로 나누어 수령해야 한다. 중도해지 시나 일시금으로 수령 시에는 16.5%(지방세 포함) 세율로 기타소득 처리되고 종합소득에도 합산하여 과세됨을 유의해야 한다. 다시 말해 무리한 납입으로 인해 중도에 해지를 하게 되면 불이익이 큰 상품이다. 가입 시 납입여력을 충분히 감안해 가입해야 한다.

세 번째, 연금저축보험의 연간납입한도는 최대 1,800만 원(월 150만 원)이고, 실제로 세액공제 400만 원(월 33.4만 원)의 12% 또는 15%다. 여기에 주민세 10%까지 더해지면, 연금으로 인한 절세 최대액(연말정산 시 돌려받는 금액)은 '400만 원×12%×1.1=528,000원'이 된다. 2013년까지 소득공제로 연말정산에 적용할 경우보다 다소 줄어든 금액이지만, 연봉이 낮은 사람의 경우 오히려 이전보다 공제금액이 커졌다(과세표준 5,500만 원 이하는 15% 공제). 보통 미혼의 직장 초년생들은 연말정산 시 별다른 소득공제를 받기 어려운데, 연금저축보험은 세액공제 528,000원도 챙기고 노후도 준비할 수 있는 가장 좋은 절세상품 중 하나다.

네 번째, 연금저축보험은 연금수령시에 3.3~5.5%의 연금소득세를 부과한다. 실제로 납입 시에는 세액공제 효과로 혜택을 주지만, 연금수령 시에는 연금소득세를 과세한다는 것이다. 실제로 이것 때문에 논란이 많다. 앞에서 세액공제로 혜택을 주는 듯한데, 뒤에서 소득세를 과세하기 때문이다. 하지만 크게 걱정하지 않아도 된다. 우리가 연금저축보험에서 연금수령 시 납부하는 연금소득세(퇴직연금+연금저축)는 생각보다 많지 않기 때문이다. 실제로 80세인 A씨가 연금소득이 1,200만 원(월 100만 원 연금수령) 발생하고 다른 소득이 없을 경우를 계산하면 〈도표 8-2〉와 같다.

도표를 보면 알 수 있듯이 실제로 금융기관에서 연금을 수령하면, 연금소득세로 원천징수한 '1,200만 원×3.3%=39.6만 원' 중에서 28만 원을 돌려받게 된다. 연간 연금을 1,200만 원 수령하는데 세금은 고작 12만 원이 채 되지 않는 것이다. 은퇴 이후 별도의 소득 없이 연금소득만 있다고 해보자. 연간 400만 원의 세액공제를 받기 위해서 월 334,000원의 연금저축보험료를 납입했다면 매년 528,000원씩 돌려받지만, 향후 연금수령시에 연금소득세는 거의 없다고 봐도 무방한 것이다. 그래서 고액연봉자가 아닌 대부분의 직장인, 자영업자가 노후대책으로 연금가입을 고려할 때는 연금저축보험 등의 세제적격상품에 우

연금소득	1,200만 원(연금소득 외 다른 소득이 없는 경우)		
- 연금소득공제 (한도: 900만 원)	590만 원	총 연금액	공제액
		350만 원 이하	총 연금액
		350만~700만 원	350만 원 + (총연금액 - 350만 원) × 40%
		700만~1,400만 원	490만 원 + (총연금액 - 700만 원) × 20%
		1,400만 원 초과	630만 원 + (총연금액 - 1,400만 원) × 10%
= 연금소득금액	610만 원		
- 종합소득공제	300만 원	기본공제(본인, 배우자)	
= 과세표준	310만 원		
산출세액(×세율)	6%		
- 산출세액	18.6만 원		
- 표준세액공제	7만 원		
납부세액	11.6만 원		
기납부세액	39.6만 원	1,200만 원 × 3.3%(원천징수)	
환급금액	- 28만 원		

선적으로 가입하는 것이 유리하다.

반면에 세제비적격연금은 10년 이상의 비과세 혜택을 주지만, 세액공제도 없고 연금소득세도 없는 상품이다. 공시이율로 수익을 내느냐 아니면 투자수익률로 수익을 내느냐에 따라, 연금보험과 변액연금으로 나누어지는데, 2가지 모두 생명보험회사에서만 취급하는 상품이다. 연금보험은 세액공제효과가 없는 연금저축과 상품구조가 비슷하다고 생각하면 된다. 그래서 연금저축보험을 세액공제한도까지 가입하고 추가적으로 연금을 더 하고자 한다면, 연금보험보다 변액연금을 권하고 싶다.

변액연금은 원칙적으로 투자형 상품(주식이나 채권펀드에 투자해서 수익에 따라 연금액이 달라짐)으로 원금손실의 위험이 있다. 하지만 최근에는 일정 기간이 지나면 원금을 보장해주는 변액연금도 많이 등장해서 원금손실에 대한 리스크는 많이 줄어들었다. 세제비적격연금은 연금수령 시에 비과세 상품으로 연금소득세를 물지 않아도 되는 장점이 있으므로, 연금저축보험 외 추가로 연금불입을 고려할 때 절세효과를 고려하면 좋은 상품이다. 다만 상품의 비교와 선택에는 신중을 기해야 한다. 투자형 상품인 변액연금의 경우, 사업비와 펀드운영성과 등을 비교해서 가입해야 하기 때문이다. 변액연금에 대해서는 뒤에서 자세하게 알아보도록 하자.

58

변액연금, 어떻게
가입해야 하나?

변액연금보험은 장기간 투자하는 펀드와 비슷하다고 생각하면 된다. 펀드와 다른 것은 변액연금보험은 초기 10년 이내에 사업비가 꽤 많고, 필요에 따라 사망보장 등의 보장도 추가할 수 있는 보험상품이라는 것이다. 어쨌거나 변액연금보험 가입의 목적은 공시이율로 부리되는 상품에 비해 높은 추가수익률을 위한 것이다. 그래서 좋은 변액연금의 선택기준은 좋은 펀드를 선택하는 요령과 비슷하다. 변액연금보험 가입 시 유의사항에 대해서 알아보면 다음과 같다.

첫 번째, 사업비가 적은 상품을 선택해라.

변액연금보험은 보통 7년 이내는 납입액의 12%, 7년 이후부터 10년 이내는 납입액의 10%, 10년 이후 납입완료 시에는 5%, 납입 이후는

1% 수준의 수수료를 차감한다. 즉 월납보험료 100만 원의 변액연금에 가입할 경우, 사업비를 제외하고 7년 이내 펀드로 편입되는 금액은 월 평균 88만 원 정도라고 보면 된다. 펀드수수료가 2.5% 내외임을 감안 하면 5배 이상 비싼 수수료다. 장기적으로 불입하지 않고 중도에 해지 할 경우 생기는 손해는 생각한 것 이상으로 크다. 또한 보험사에서 주 로 예시하는 6%의 투자수익률을 가정했을 때 대략 7년 정도는 지나 야 불입한 원금을 찾을 수 있다.

따라서 변액연금은 10년 이내 단기투자 시에는 절대로 적합하지 않 은 상품이다. 연금수령을 목적으로 장기투자 시에만 수익을 낼 수 있 는 상품이라고 생각하면 된다. 아무리 수익률이 높아도 최초에 불입 원금에 부과하는 수수료가 다른 변액연금에 비해 높은 상품이라면 피하는 것이 좋다. 상품에 대한 수수료는 가입설계서 뒷면에 보면 자 세히 공시되어 있다.

두 번째, 펀드운용 성과가 좋은 변액연금을 선택해야 한다. 변액연 금 펀드수익률은 생명보험협회 공시실 상단에서 '상품비교공시→변액 보험'으로 가면 볼 수 있다. 기간별로 펀드의 수익률, 설정액, 기준가격 등이 자세히 나와 있다.

단, 펀드를 고를 때는 단기간 성과에만 연연해 수익률이 높은 펀드 를 고르지 말고 1년, 3년, 5년, 이렇게 꾸준히 수익을 내는 펀드를 비 교해봐야 한다. 변액연금은 어떤 금융상품보다 장기상품 성격이 강하

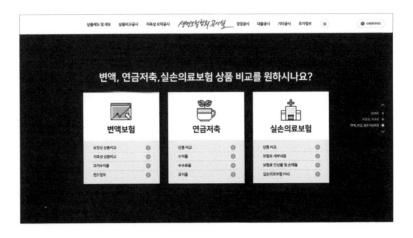

기 때문이다. 만약에 설계사에게 제안받은 변액연금 수익률을 알고
싶으면, 변액연금 상품명을 검색해서 여러 가지 상품을 동시에 비교분
석하는 것도 가능하다. 연금은 한 번 가입하면 좀처럼 해지하거나 변
경하기가 어려운 상품이다. 꼭 가입 전에 수익률 및 사업비 등 여러 가
지로 비교분석하는 노력이 필요하다.

세 번째, 설정액(펀드의 규모)이 큰 변액연금을 우선으로 선택한다. 각
회사마다 대표상품이 있는데, 이런 대표상품은 대부분 설정액이 크
다. 다시 말해 펀드운용액이 크다는 말이다. 결국 이런 변액연금 보험
상품은 다른 상품보다 더 열심히 관리할 수밖에 없다. 왜냐하면 회사
의 얼굴이라고 할 수 있는 대표상품이기 때문이다. 설정액 규모가 적

은 상품보다 더 신경을 쓸 수밖에 없고, 우수한 펀드매니저에게 관리를 맡기게 된다. 그러므로 설정액이 큰 변액연금을 가입하는 것이 가입자에게 유리하다.

변액연금이 좋을까?
적립식 펀드가 좋을까?

펀드를 가입해야 하나? 변액연금보험을 가입해야 하나? 고민스러울 때가 있다. 각각 상품의 장단점이 다르기도 하지만, 무엇보다 소비자들이 펀드와 변액보험을 많이 헷갈려 하기 때문이다.

먼저 사업비를 비교하면, 펀드사업비는 보통 2.5% 내외다. 펀드수수료가 총 2.7%라고 가정하면 판매수수료가 1%, 판매보수가 0.9%, 운용보수가 0.7%, 수탁보수가 0.1% 수준이다. 펀드는 가입이나 환매 시에 지불하는 수수료 및 매일 펀드를 평가해서 부과되는 보수로 수수료 체계가 이뤄진다. 총수수료는 판매수수료 및 판매보수, 운용보수, 수탁보수 순이다. 따라서 수수료가 적은 펀드를 고르려면 판매수수료 및 판매보수가 적은 펀드를 찾는 것이 중요하다.

보통 가입 시 수수료를 먼저 떼느냐, 나중에 떼느냐에 따라 선취형과 후취형으로 나뉜다. 가입한 펀드가 수익을 낸다고 가정하면, 선취형이 후취형보다 수수료가 절약이 된다. 선취형은 변액연금처럼 미리 수수료를 차감하고 나머지로 펀드를 운용하는 방식이다. 반면에 후취형은 펀드를 운용하고 '원금+수익'에 대해 환매 시 수수료를 차감하는 방식이다.

앞에서 살펴보았듯이 변액연금은 7년 이내에 12% 정도의 수수료를 징수한다. 펀드의 2.5%에 비하면 5배 정도 큰 수수료이다. 아무래도 원금에서 수수료를 빼고 나면 더 많은 수익을 내야만 하는 것이 상식이다. 100만 원을 불입할 경우 펀드에서는 97.5만 원이 펀드로 투자되지만, 변액연금에서는 88만 원이 펀드로 투자되기 때문이다. 따라서 펀드와 변액연금이 동일한 수익률을 낸다는 가정이라면, 보통 10년 내에는 펀드가 변액연금보다 유리할 수밖에 없다.

그러나 10년 이상이 지나서 보험료가 완납이 되면 변액연금의 사업비가 1% 수준으로 줄어든다. 변액연금이 장기전으로 갈수록 유리해지는 것이다. 쉽게 정리하면 10년 이내의 단기투자는 펀드를 선택하고, 10년 이상의 장기투자는 변액연금을 선택하는 것이 좋다. 펀드나 변액연금이나 투자형 상품이라는 건 동일하다. 다만 변액연금이 펀드보다 나은 점은 연간한도 내에서 자유롭게 펀드변경이 가능하다는 것이다. 주식시장이 별로 안 좋을 것으로 예상되면 채권형 비중을 늘리

도표 8-4 **펀드가입 시 수수료에 따른 펀드분류**

구분	내용
A	· 가입할 때 선취판매수수료를 지급해야 하는 펀드로 보수가 낮음 · 장기투자를 할 자금이라면 연간 보수가 적은 A를 선택하는 것이 유리
B	펀드를 환매(해지)할 때 후취판매수수료를 내는 펀드
C	· 선취·후취 판매수수료가 없는 펀드로 보수가 높음 · 짧은 기간 투자할 자금이라면 판매수수료를 부담하지 않는 C를 선택하는 것이 적합
E	인터넷으로 가입할 수 있는 온라인 전용 펀드
S	펀드슈퍼마켓(한국포스증권) 전용 펀드
P	연금저축

고, 주식시장이 좋을 것으로 예상되면 주식 비중을 늘리는 등 일반펀
드보다는 좀 더 적극적인 자산관리가 가능하다.

만약에 내가 가입한 연금상품이 공시이율에 따라 부리되는 상품이
라면, 매달 변동하는 금리만큼 수익이 나기 때문에 크게 운용에 대해
서는 걱정하지 않아도 된다. 그러나 변액연금이라면 정기적(최소한 1년에
한 번)으로 내 연금이 잘 관리되고 있는지 확인하는 것이 필요하다. 물
론 정기적으로 펀드운용보고서가 집으로 오겠지만, 소비자 입장에서
는 자세한 내용을 확인하기가 쉽지 않다. 제각기 투자한 시점이 다르

도표 8-5 펀드닥터 변액상품 상세조회

①

②

상성 암생애설계변액유니버셜종신보험1.0(무배당)	삼성생명	2021.06.04	변액종신보험(VUL종신)	보장성	14	다운로드
삼성 생애설계플러스변액유니버셜종신보험2.0(무배당)	삼성생명	2021.06.04	변액종신보험(VUL종신)	보장성	14	다운로드
삼성 CEO변액유니버셜종신보험9.0(무배당)	삼성생명	2021.06.04	변액종신보험(VUL종신)	보장성	20	다운로드
삼성 변액유니버셜종신보험7.0(무배당)	삼성생명	2021.06.04	변액종신보험(VUL종신)	보장성	20	다운로드
삼성 VVIP변액유니버셜종신보험7.0(무배당)	삼성생명	2021.06.04	변액종신보험(VUL종신)	보장성	20	다운로드
(무)보너스주는변액저축보험	ABL생명	2018.10.01	변액유니버셜보험(저축성)	저축성	39	다운로드

고, 변액연금을 일시금으로 투자했느냐 매월 적립식으로 불입했느냐에 따라 수익률 차이도 크기 때문이다.

나의 변액보험 성과를 확인하는 쉬운 방법은 펀드닥터(www.fund doctor.co.kr) 사이트를 이용하면 된다. 펀드닥터 사이트에서 '펀드→변액보험펀드' 순서로 들어가면 쉽게 내가 가입한 상품을 찾아볼 수 있고, 다른 상품과 비교해볼 수도 있다. 또한 상품별로 비교하면 사업비가 저렴한 펀드를 쉽게 찾아볼 수도 있다.

예를 들어 내가 만약 S생명의 '암생애설계변액유니버설종신보험 1.0(무배당)'에 가입했는데, 해당 상품이 수익이 나지 않는다고 해보자. 그러면 담당 설계사(FC)와 상담해 펀드변경을 요청할 수도 있다. 또 내가 가입한 펀드가 수익이 잘 나고 있는지, 변경가능한 펀드는 최근 수익 현황이 어떤지 운용설명서를 다운로드 받아 확인할 수도 있다.

연금은 꼭 젊어서
가입해야 좋은 걸까?

연금보험은 젊어서 가입하면 정말 도움이 될까? 많은 사람들이 젊고 건강할 때는 연금이나 보험에 가입할 필요성을 전혀 느끼지 못한다. 그러다가 나이가 들고 은퇴할 나이가 되면 내가 가진 연금이 많지 않음을, 내가 가입한 보험의 보장이 부족함을 느끼고 후회한다.

보통 연금을 일찍 가입하라는 것은 조기가입을 통한 연금의 저축시간 확보 및 복리효과 때문이다. 실제로 연금저축(세제적격)상품의 경우 월 50만 원을 20세, 30세, 40세, 50세에 10년간 불입하고 60세 이후로 20년간 연금을 수령할 때 수령액이 얼마나 차이가 나는지 비교해보면 〈도표 8-6〉과 같다.

똑같이 50만 원씩 10년간 6천만 원을 납입했는데, 10세에 가입한

도표 8-6 **연금저축 가입연령별 수령액 비교**

가입연령	월납입액	총납입액	월수령액	연간수령액	총수령액	수익률
10세			486,380	5,836,560	116,731,200	195%
20세			424,840	5,098,080	101,961,600	170%
30세	500,000	60,000,000	371,300	4,455,600	89,112,000	149%
40세			324,700	3,896,400	77,928,000	130%
50세			284,150	3,409,800	68,196,000	114%

· A손해보험사 연금저축상품, 연금공시이율 1.4% 기준, 납입기간 10년, 연금개시 60세, 수령기간 20년 정액형

사람은 약 1억 1천만 원을 수령하고, 20세에 가입한 사람은 1억 원을 수령하고, 30세에 가입한 사람은 8,900만 원을 수령하고, 40세에 가입한 사람은 7,700만 원을 수령한다. 50세에 가입한 사람은 6,800만 원 정도이다. 일찍 가입할수록 연금 수익률이 좋아지는 것은 연금의 거치기간이 늘어나면서 생기는 복리효과 때문이다.

실제로 현존하는 금융상품 중 연금을 제외하고는 복리상품은 거의 없다고 봐도 무방하며, 연금이야말로 복리효과를 가장 잘 누릴 수 있도록 만들어진 상품이다. 연금보험을 일찍 가입하면 수익률은 생각보다 좋아진다. 물론 예전의 3~5% 공시이율에 비하면 현재 1~2% 수준

의 공시이율은 복리효과가 크지 않다. 그래도 조금이라도 미리미리 연금에 가입해둘 것을 권한다. 그럼 우선은 세제적격상품인 연금저축보험부터 시작해보자.

30년 뒤 수령하는 내 연금,
정말 제값을 할까?

연금을 일찍 가입할수록 연금의 수령액은 늘어난다. 하지만 '과연 그 때 수령하는 연금이 현재 화폐가치로 환산할 경우 제값을 할 수 있을 까?'라는 고민은 한 번 해봐야 한다. 실제로 미래에 수령하는 연금의 가치를 현재가치로 쉽게 환산하는 방법을 알아보자. 복리를 계산할 때 쉽게 쓰이는 것이 72의 법칙이다. 72의 법칙이란 내가 가진 자산이 2배로 불어나는데 걸리는 시간 및 복리투자수익률을 구하는 공식인데, 표기하면 〈도표 8-7〉과 같다.

현재 내가 가지고 있는 돈 1억 원을 10년이 지난 시점에 2억 원으로 만들려면, 몇 %의 수익을 올려야 할까? 이 문제를 72의 법칙으로 쉽게 계산해보면, '72÷10=7.2%'이다. 수수료를 감안하지 않고 100% 재

$$\frac{72}{기간} = 수익률$$

ex 현재 1억 원을 10년 후 2억 원으로 만들려면, 얼마의 수익률을 올려야 할까?

$$\frac{72}{10} = 7.2\%$$

$$\frac{72}{수익률} = 기간$$

ex 수익률 5% 상품에 가입하고 있다. 1억 원이 2억 원이 되는 데 걸리는 시간은?

$$\frac{72}{5} = 14.4년$$

투자되었다고 가정하면, 7.2%의 복리투자수익률을 올리면 내가 가진 1억 원은 10년이 지나서 2억 원으로 바뀌게 된다.

한 가지 예를 더 들어보자. 목표수익률이 5%라고 할 때, 내가 가지고 있는 1억 원은 몇 년이 지나야 2억 원이 될까? 계산해보면 '72÷5=14.4년'이 나온다. 즉, 목표수익률을 5%로 잡고 꾸준히 수익률을 실현하면, 14.4년이 지나서 1억 원이 2억 원이 된다는 얘기다. 이런 72의 법칙을 잘 활용하면 미래에 내가 받을 연금의 현재가치를 쉽게 계산할 수 있다. 예를 들어 물가상승률 3%를 가정하면, '72÷3=24년'으로 화폐의 시간가치는 절반으로 떨어진다. 만약 현재의 종신보험 1억 원을 24년 뒤에 수령한다면, 24년 뒤 1억 원의 실제화폐 가치는 현재의 절반인 5천만 원 정도 밖에 안 된다는 것이다.

2013년 이후 우리나라의 평균 소비자물가상승률은 1~1.5% 수준이다. 2000년 이후 평균 3% 대에서 급격하게 떨어졌다. 그러다가 최근

(단위 : 1천 원)

물가상승률	10년	20년	30년	40년	50년	60년
1%	90,528	81,954	74,192	67,165	60,803	55,044
2%	82,034	67,297	55,297	45,289	37,152	30,743
3%	74,409	55,367	41,198	30,655	22,810	16,973

2021년에 들어와서는 2.6%까지 소비자물가상승률이 치솟았다.

어쨌거나 연금보험을 포함한 보험에 가입할 때는 화폐의 시간가치를 고려해 계획을 세워야 한다. 만약 디플레이션이 오면 실제 수령하는 내 연금액의 가치는 줄지 않겠지만, 인플레이션이 온다면 그만큼 내 연금수령액의 가치는 줄어들기 때문이다. 다소 보수적으로 계산하고자 한다면 3% 정도의 물가상승률, 정말 낙관적으로 계산하고자 한다면 1% 정도의 물가상승률로 계산하는 것이 적당하다(〈도표 8-8〉).

그렇다면 이렇게 인플레이션 위험이 있는데도 불구하고 왜 연금가입을 권하는 걸까? 설령 인플레이션으로 인해 내 연금의 실질수령액이 작아진다고 해도, 다가올 100세 시대를 준비하기 위해서는 반드시 필요한 것이기 때문이다. 또한 소득이 끊긴 미래의 나를 위해 젊은 내가 미리 저축을 해야 하는 것이 당연하기 때문이다.

결국 미래에 소득이 끊겨 고생하지 않으려면 2가지 방법밖에 없다. 미래의 나를 위해 지금 당장 저축을 하든지, 아니면 은퇴 이후에도 돈을 벌 수 있는 수단을 강구해놓아야 한다. 앞으로의 미래는 누구도 예측할 수 없다. 비관적으로만 생각하기보다는 조금씩이라도 미리미리 연금액을 늘리는 것이 현명한 노후대비의 방법이 될 수 있을 것이다.

생애 마지막을 함께하는
간병보험, 꼭 필요한가?

일반적으로 부부는 은퇴 이후 '활동기→회고기→남편 간병기→부인 홀로 생활기→부인 간병기' 단계를 밟게 된다. 평균수명이 점점 늘어가고 의학기술이 발달함에 따라 간병을 하는 기간도 점점 늘어나게 되었다. 실제로 우리보다 20년 정도 노령화를 먼저 겪은 일본의 경우를 보면 '간병지옥' '간병살인' '노노(老老)간병' 등의 이야기들을 심심찮게 들어볼 수 있다. 간병을 하다가 처지를 비관해 동반자살하는 경우부터, 몸이 불편한 노인이 치매걸린 노인을 간병하면서 힘들게 노년을 보내는 경우도 다반사다.

우리나라도 최근 들어 노인들의 자살 소식이 뉴스에서 자주 들리기 시작했다. 현재 우리나라는 OECD국가 평균 대비 65세 이상 노인 자

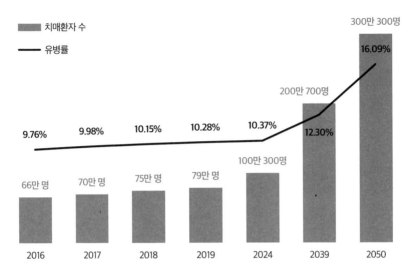

· 「대한민국 치매현황 2018」 발췌, 2018년 이후부터는 추정치

살률이 3배 높은 실정이다. 이 현상은 경제적인 어려움에 기인하는 바가 크다. 자살하는 노인들의 실상을 보면 누군가 한 명이 질병을 앓기 시작하고, 기약 없이 간병을 해야 되는 상황에서 경제적 어려움이 더해진 경우가 상당수다.

보험이 홍수처럼 쏟아지는 시대다. 이런 상황에서 간병보험이 정말 필요하냐고 묻는다면, 실손의료비 보험, 암보험, 2대 진단보험 못지않게 중요한 것이 간병보험이라고 말하고 싶다. 특히 평균수명이 길고 치매에 걸릴 확률이 남성보다 2배 이상 높은 여성은 반드시 먼저 생각해

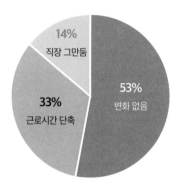

14%
직장 그만둠

33%
근로시간 단축

53%
변화 없음

· 자료: 대한치매학회(2018년)

봐야 하는 것이 간병보험이다. 왜냐하면 다음과 같은 이유 때문이다.

첫 번째, 가족구성원 중 누군가 질병 또는 상해로 인하여 간병을 해야 하는 상태가 되면, 또 다른 가족구성원 중에 한 명은 경제력을 상실하게 된다.

〈도표 8-10〉을 보자. 노인 간병 보호자 47%가 경제활동에 타격을 받는다. 즉, 자기 생업을 포기하고 환자를 돌봐야 한다는 것이다. 그렇게 하지 않으려면 간병인을 써야 하는데, 간병인 쓰는 비용은 보모를 쓰는 비용보다 더 비싸다. 〈도표 8-11〉을 보면 알 수 있듯이, 간병은 생각보다 훨씬 힘들다. 입원환자의 한 달 평균 간병비는 약 256만 원이고, 최근 5년간 간병비는 평균적으로 매년 4%대 상승률을 보이고 있다.

도표 8-11 입원환자 개인간병비 및 간병비 상승률

① 입원 환자 개인 간병비

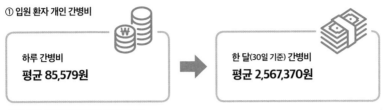

하루 간병비
평균 85,579원

한 달(30일 기준) 간병비
평균 2,567,370원

· 자료: 보건복지부 「2020 의료서비스경험조사」

② 간병비 상승률 추이

| 1.6% | 3.5% | 7.2% | 5.2% | 2.9% |

2015년　　2016년　　2017년　　2018년　　2019년　　2020년

· 자료: 통계청(2021)

　두 번째, 간병은 'Care', 즉 누군가를 돌봐야 한다는 말에서 유래되었다. 간병과 비슷하지만 다른 것이 육아다. 육아와 간병의 공통점은 누군가를 돌봐야 한다는 것이지만, 육아는 끝이 있는 돌봄이고 간병은 끝이 없는(기약 없는) 돌봄이라는 것이 큰 차이점이다. 또 육아는 아이의 재롱을 보면서 금세 웃게 되지만, 치매 걸린 노인이 간병하는 사람을 웃게 해주는 경우는 극히 드물다. 간병은 끝이 없는 싸움이다.

이 싸움에 대비하려면 간병보험이 꼭 필요하다.

세 번째, 간병이 필요한 나이는 보통 죽기 전 5~10년이 대부분이다. 간병 시기는 70~80세에 집중되는데, 이때 자식들 나이는 40~50세다. 한창 본인들 자녀에게 많은 돈을 지출해야 하는 시기고, 머지않아 다가올 은퇴를 준비해야 할 나이다. 이때 부모가 치매 등으로 간병상태에 놓이게 되면 남녀노소, 재산유무, 지위를 막론하고 엄청난 짐이 된다.

집안에 아이가 태어나서 재롱을 피우면 가족들도 자주 모이고 분위기가 좋아지지만, 가족 중에 치매환자가 생기면 집안 분위기는 금방 초상집이 된다. 누가 돌봐야 하나? 간병비는 어떻게 부담하나? 자식들끼리 싸움도 잦아진다. 어떤 누가 사랑하는 자녀들에게 짐이 되고, 본인 때문에 자식들 사이에 금이 가는 것을 원하겠는가? 그래서 정말 사랑하는 자녀를 위해 우리가 아이가 생기면 태아보험에 가입하듯, 마지막을 위해 간병보험도 미리 챙겨놓아야 한다. 연금은 있는데 간병보험이 없는 것은, 건강한 수면을 위해 침대는 준비했는데 매트리스가 빠진 것과 다름없다.

간병보험 저렴하게
가입하는 방법

젊고 건강할 때는 누구나 보험에 대한 관심도가 높지 않다. 그러다 점점 나이가 들어가면서 보험가입을 고려하게 되는데, 이때 건강의 이유로 가입을 거절당하거나, 생각보다 비싼 보험료로 인해 가입을 망설이는 경우가 자주 발생하게 된다. 그런 보험 중 대표적인 것이 바로 간병보험이다. 젊었을 때는 생각보다 보험료가 저렴한데 젊기 때문에 간병보험에 대한 니즈가 부족하고, 나이가 들면 니즈는 있는데 생각보다 보험료가 비싸기 때문이다.

40~50대 가입자가 실손의료비 보험을 3~5만 원 수준으로 가입했다면, 간병보험료는 10만 원을 훌쩍 넘기는 경우가 대다수이다. 이런 고가의 간병보험을 좀 더 저렴하게 가입하는 방법은 없을까? 물론 있

도표 8-12 **노인장기요양보험 등급체계**

등급	1등급	2등급	3등급	4등급	5등급 (치매특별등급)
점수	95점 이상	75점 이상	60점 이상	51점 이상	45점 이상

· 자료: 노인장기요양보험 홈페이지

도표 8-13 **노인장기요양보험 장기요양 신청 대상자**

	치매 등	치매(F00~03), 알츠하이머병(G30)
노인성 질병의 종류	뇌혈관질환	거미막밑출혈(I60), 뇌내출혈(I61), 기타 비외상성 머리내 출혈(I62), 뇌경색증(I63), 출혈 또는 경색증으로 명시되지 않은 중풍(I64), 대뇌경색증을 유발하지 않은 뇌전동맥의 폐색 및 협착(I65), 대뇌경색증을 유발하지 않은 대뇌동맥의 폐색 및 협착(I66), 기타 뇌혈관질환(I67), 달리 분류된 질환에서의 뇌혈관 장애(I68), 뇌혈관질환의 후유증(I69)
	파킨슨병 등	파킨슨병(G20~22), 기저핵의 기타 퇴행성질환(G23)
	중풍 등	중풍후유증(U23.4), 진전(U23.6)

· 65세 이상의 어르신과 65세 미만으로서 노인성 질병을 가진 사람
· 자료: 노인장기요양보험 홈페이지

다. 지금부터 그 방법에 대해 알아보도록 하자. 2021년 현재 주목받는 간병보험은 기존에 판매되었던 간병보험과 달리 노인장기요양보험에서 받는 요양등급에 따라 보험금을 지급하는 방식이다. 간병등급을 판정하고 보험금을 지급하는 데 있어 논란의 여지가 거의 없다.

노인장기요양보험에서는 요양등급을 1~5등급으로 나눈다. 국민건강보험공단 홈페이지나 전화를 통해 신청하면, 방문조사를 통해 52가지 항목에 대하여 조사를 실시해서 나온 점수 및 의사소견서에 따라 요양등급을 받게 된다. 등급에 따라 시설(요양원, 요양병원)에 입소하여 보험혜택을 받거나, 상황에 따라 재가(집에서)서비스를 받아도 된다.

일단 장기요양보험에서 등급을 인정받게 되면, 내가 가입한 간병보험에서도 정해진 등급에 따라 보험금이 지급된다. 2021년 현재 보험사에서 판매하는 간병보험은 1~5등급까지 판정을 받을 경우, 정해진 금액을 보험금으로 지급하는 정액형 보장상품이다. 이런 대다수 간병보험은 만기가 최대 100세이고, 1등급을 인정받을 시 최대 1억 원까지 보장받도록 되어 있다. 만약 간병보험이 필요한데 보험료가 생각보다 부담되어 걱정이라면, 다음과 같은 방법이 있다.

첫 번째, 100세 만기를 현재의 평균연령에 맞게 90세로 줄여보는 것이다. 두 번째, 90세까지는 최대 1억 원을 받게 설계하되, 90세부터 100세까지는 보장받는 금액을 줄이는 것이다. 이러한 방법으로 설계하면 〈도표 8-14〉처럼 보험료가 줄어들게 된다.

간병보험 만기별 보험료 비교 예시

구분		90세 만기	100세 만기
30세	남	59,628원	136,230원
	여	59,244원	134,410원
40세	남	74,151원	170,058원
	여	73,638원	167,719원
50세	남	92,469원	213,442원
	여	91,898원	210,259원

· A사 상해급수 1급, 20년납 (21년 9월) 기준, 장기요양등급 1등급 1억, 1~2등급 7천만, 1~4등급 1.5천만, 상해/질병후유장해 80% 이상 100만 기준
· 자료: A손해보험사 홈페이지

도표를 보면 100세 만기인 간병보험을 90세로 줄일 경우, 보험료 차이를 알 수 있다. 50세 여자가 100세 만기 간병보험을 가입하려면 21만 원, 90세 만기 간병보험을 가입하려면 9만 원 정도가 든다(간병보험 만기는 최소 90세 이상은 되어야 한다). 80세 이전보다 80세 이후에 간병상태가 될 확률이 아주 높기 때문이다. 어쨌든 비싼 보험료로 가입을 망설였던 간병보험은 만기를 다소 줄이면 보험료가 상당히 줄어든다.

결국 100세시대에 꼭 필요한 간병보험을 저렴하게 가입하는 방법을 정리하면 다음과 같다.

① 되도록 젊을 때 일찍 가입한다.

② 보험 만기를 100세에서 90세로 줄인다.

③ 100세까지 보장을 유지하되 가입부터 90세까지는 1억 원, 90세부터 100세까지는 5천만 원과 같이 복층으로 설계한다.

보장이 필요해지면 보험료는 극복해야 할 문제이지, 절대 가입불가의 사유는 아니다. 꼭 간병보험이 아니라도 대다수 보험료는 앞에서 언급한 방법으로 줄일 수 있다. 절대 가입을 미루지 말고 보험료를 줄일 수 있는 합리적인 방법을 찾아보도록 하자.

64
간병보험,
치매보험과 다르다

많은 사람들이 '간병보험=치매보험'이라고 생각을 한다. 하지만 간병 상태로 이어지는 경우는 치매 이외에도 여러 가지 원인들이 있다. 실제로 노인장기요양보험 혜택을 받는 노인성 질환 대부분은 치매, 알츠하이머, 뇌혈관질환이다. 실제 환자수를 비교해보면 2020년 기준으로 뇌혈관질환 환자가 112만 명, 치매 환자가 60만 명, 알츠하이머 환자가 5만 7천 명 정도이다. 이는 간병으로 가는 주 원인이 치매 못지않게 뇌혈관질환(뇌출혈 및 뇌졸중)으로 인한 후유장해도 많다는 것이다. 따라서 간병보험은 치매만을 위해 가입하는 것이 아니라, 나이를 먹어서 간병상태에 놓일 수 있는 모든 경우를 대비해서 가입한다고 생각해야 한다.

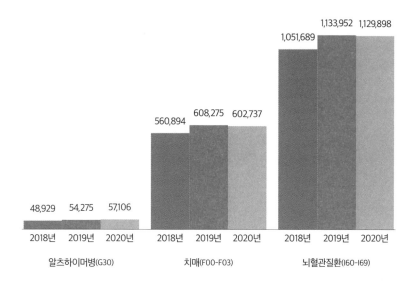

도표 8-15 알츠하이머, 치매, 뇌혈관질환 환자수

(단위: 명)

알츠하이머병(G30)
- 2018년: 48,929
- 2019년: 54,275
- 2020년: 57,106

치매(F00-F03)
- 2018년: 560,894
- 2019년: 608,275
- 2020년: 602,737

뇌혈관질환(I60-I69)
- 2018년: 1,051,689
- 2019년: 1,133,952
- 2020년: 1,129,898

· 자료: 국민건강보험심사평가원

필자는 강의를 할 때 간병상태로 가는 4가지를 '풍치장로'라고 설명한다. '우리 교회에 장로님이 계신데 풍치 때문에 고생하신다'라고 생각하면 쉽게 암기할 수 있다. '풍'은 먼저 뇌혈관질환(중풍)으로 인해 간병상태가 되는 경우다. 우리나라에서 두 번째로 많은 사례다. '치'는 치매로 인해 간병상태가 되는 경우다. '장'은 후유장해를 뜻하는데, 노인들이 교통사고를 당하거나, 상해사고로 인한 장해를 입게 되어 간병상태가 되는 경우다. '로'는 노인성 질환을 뜻하는 것으로 흔히 알

도표 8-16 노인장기요양보험 등급판정 원인 질환

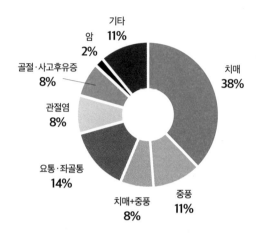

· 자료: 국민건강보험 「2021 알아두면 도움되는 건강생활 통계정보」

도표 8-17 노인장기요양보험 등급판정 현황

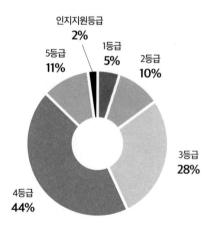

· 자료: 국민건강보험 「2021 알아두면 도움되는 건강생활 통계정보」

고 있는 골다공증, 류마티스관절염 등으로 인해 거동이 불편하여 간병이 필요한 상태를 말한다.

우리나라 노인들의 '풍·치·장·로'를 다 합치면 3명 중 1명은 간병이 필요하다고 한다. 어쩌면 100세 시대를 살아가는 우리에게 암보험만큼 중요한 보험이 간병보험이 아닐까 싶다. 일반적으로 '풍치로(중풍, 치매, 노인질환)'는 현재 간병보험의 주담보(1~5 요양등급)에서 해결하고, 나머지 '장(상해후유장해)'은 상해후유장해 담보에서 해결하면 된다. 간병보험을 가입할 때는 '풍·치·장·로'를 다 해결할 수 있는지 꼭 확인해봐야 한다.

구간병보험
VS 신간병보험

간병보험이 본격적으로 유행한 것은 아직 10년도 되지 않았다. 노인장기요양보험의 등급체계에 따라 보험금을 지급하도록 명기한 손해보험사 간병보험이 2013년부터 큰 인기를 끌었는데, 예전에 나온 간병보험과 최근에 나온 간병보험 차이가 너무 크기 때문이다. 편의상 2012년 이후에 나온 간병보험을 신간병보험이라고 하고, 그 이전인 2003년 8월부터 2011년 12월 사이에 나온 간병보험을 구간병보험이라 하자. 그렇다면 신간병보험과 구간병보험의 가장 큰 차이점은 무엇일까?

첫 번째, 보상방식의 차이다.

구간병보험은 대부분 회사 기준에 따른 보상방식을 채택한다. 즉, 중증치매 또는 활동불능상태가 되어야만 보험금이 지급되는 방식이

유형	보험금 지급사유
구간병보험	중증치매* 또는 활동불능** 상태로 진단 확정
신간병보험	장기요양 1등급, 2등급, 3등급 또는 4등급, 5등급의 판정 (정부의 노인장기요양보험 판정기준 적용)
신구 혼합형	장기요양 1등급 또는 2등급 + 활동불능 또는 중증치매 상태로 진단 확정 (2가지 조건 동시 충족)

· 자료: 금융감독원 보도자료(2012.07.05.) 참고

* 보험계약일 이후에 상해 또는 질병으로 인한 치매로 인지기능의 장애가 발생한 상태(간이인지기능 검사결과 19점 이하이고, 동시에 CDR척도 검사결과 3점 이상에 해당되는 상태가 발생시점부터 90일 이상 지속되는 호전을 기대할 수 없는 상태)

** 보조기구를 사용하여도 이동, 식사, 목욕, 옷입기 등 생명유지에 필요한 일상생활 기본동작(ADLs)를 스스로 할 수 없는 상태가 90일 이상 계속되어 호전될 것을 기대할 수 없는 상태

다. 그러나 신간병보험은 대부분 공적기준에 따른 보상방식을 채택하는 경우가 많다. 즉, 정부에서 실시하는 노인장기요양보험의 판정기준을 그대로 적용하여 보상을 한다.

실제로 신간병보험이 구간병보험보다 보험금을 지급받기가 훨씬 수월하다. 국가에서 시행하는 장기요양등급을 받기만 하면 보상해주기 때문이다. 반면에 구간병보험은 중증치매나 활동불능 상태를 측정하는 데 있어 회사마다 약관상 보상기준도 다소 상이하고, 보상하지 않은 손해도 달라 논란의 여지도 많다.

두 번째, **보험금 지급시기에 따른 차이다.**

구간병보험에서 중증치매 또는 활동불능상태로 인한 보상지급은

보통 중증치매 또는 활동불능상태로 최초로 진단받은 후 90일 이상 (상품에 따라 180일 이상도 있음) 지속된 이후에 보험금을 지급한다. 그러나 신간병보험은 장기요양보험에서 1~5등급 판정을 받기만 하면 보험금을 즉시 지급한다. 즉시 보험금을 받는 상품이 일정 기간을 기다린 후 보험금을 받는 상품보다 더 좋은 것은 두말할 나위도 없다.

세 번째, **보험료**의 차이다.

구간병보험 보험료는 신간병보험에 비해 보통 2배 정도 보험료가 비싸다. 그러므로 간병보험을 가입하려면, 되도록 신간병보험으로 가입하는 것이 보상이나 가격 측면에서 유리하다.

거듭 강조하지만 행복한 노후를 위해서는 노후생활비, 노후의료비, 노후간병비가 노후준비의 3대 기본이다. 이걸 잊지 말자!

Chapter 9

살릴 보험, 버릴 보험
골라내기 꿀팁

죽어도 해지하면
안 되는 보험

보험을 리모델링하는 가장 주된 목적은 보험료 낭비를 줄이고, 내게 필요한 보장 크기는 늘리는 데 있다. 하지만 이런 리모델링 컨설팅을 받을 때도 이미 가입한 보험을 해지하는 것은 신중할 필요가 있다. 예를 들면 암보험의 경우 보통 90일이 지나야 보상이 개시되기 때문에, 직전에 가입한 암보험을 해지하고, 새 상품을 가입했다면 보장기간에 공백이 생기기 마련이다. 만약 새로운 암보험에 가입한 후 90일 이내에 암진단을 받게 된다면, 암 진단금을 받을 수 없다는 것이다. 또 과거에 나왔던 보험 중에는 이제 다시 나올 수 없는 알토란 같은 상품들도 있기 때문에, 보험 리모델링을 할 때도 절대로 해지하면 안 되는 보험에 대해 자세히 알아야 한다. 절대로 해지하면 안 되는 보험의 기준은 다음과 같다.

첫 번째, 고정금리형 연금 및 저축보험은 해지해서는 안 된다.

1997년 IMF 이후 우리나라 금리는 7% 대로 급격하게 낮아지면서 1998년부터 2000년 초반에 생명보험사에서 앞다투어 고정금리형 연금 및 저축보험을 내놓았는데, 지금도 생명보험사 역마진의 주범이 되고 있다. 1%대 저금리시대에 6~10% 고금리를 챙겨줘야 하기 때문이다. 이런 상품은 앞으로 다시 나오기 힘든 상품이다. 힘들어도 만기 때까지 잘 유지하도록 하자.

두 번째, 2007년 이전에 출시된 암보험 및 질병보험 상품은 이미 납입이 끝났으면 끝까지 유지하도록 하자. 이때만 해도 암보험 손해율이 지금처럼 높지 않았다. 보장금액은 지금처럼 크지 않아도 보장범위(지금은 유사암으로 분류되어 진단금의 10~20%만 지급받는 암들이, 당시에는 100%를 지급하는 상품이 많았다)도 넓고, 보험료도 저렴했다. 이런 상품 또한 다시 나오기 어려운 상품이다. 꼭 만기 때까지 유지하도록 하자

세 번째, 2003년 10월 이전에 가입한 일반상해의료비 상품은 해지하지 말아야 한다. 2003년 10월 이전에 출시된 손해보험의 일반상해의료비담보는 자동차보험이나 산재보험에서 보상한 사고에 대해서도 100% 중복보상이 가능했다. 심지어 건강보험공단에서 지급한 의료비 또한 중복으로 보상해주는 담보다.

또한 2003년 10월 이후 출시된 일반상해의료비도 지금은 없어진 담

보가 되었지만, 자동차보험이나 산재보험에서 보상한 사고의 50%를 중복해서 보상해준다. 현재는 중복보상이라는 초과이득금지 원칙에 위배되는 상품은 다 사라지고 없지만, 혹시 갖고 있는 보험에 일반상해의료비라는 담보가 남아 있는가? 그렇다면 보장금액은 100만~1천만 원으로 적다고 하더라도 중복보상이 가능한 담보이므로 해지하지 않는 것이 좋다.

네 번째, 2009년 10월 이전에 가입한 실손의료비 보험 상품(질병/상해입원의료비 1억 원, 질병/상해통원의료비 30만 원)은 해지하지 않는 게 좋다. 지금은 실손의료비 보험 한도도 5천만 원으로 축소되었고, 보상하는 금액도 자기부담금 10~30%를 제하고 준다. 그런데 2009년 10월 이전 실손의료비 상품은 자기부담금이 없는 상품이었다. 이 상품 또한 다시 나올 수 없는 상품이므로, 자기부담금이 전혀 없는 1억 원짜리 실손의료비 보험은 되도록 유지하도록 하자.

다만 주의할 게 있다. 이러한 1억 원짜리 자기부담금이 없는 실손의료비 손해율이 다른 실손의료비보다 매우 높다. 그래서 나이가 60세가 넘어 실손의료비 보험료가 매월 10만 원이 넘어간다면, 차라리 요즘 나오는 '착한실손'으로 갈아타는 것이 보험유지 측면에서는 유리하다. 보장을 다소 줄이더라도 실손의료비 보험은 꼭 유지해야 하기 때문이다.

다섯 번째, 2010년 이전에 출시된 보험상품 중, 보험료는 저렴한데 입원일당이 5만 원 이상인 보험도 해지해서는 안 된다. 이런 종류의 상품도 보험료 인상으로 다시 만들기 어려운 상품이다. 이런 종류의 보험에 가입되어 있는데, 만약 해지하려고 한다면 확인을 해봐야 한다. 현재 그만큼의 입원일당을 받으려면 얼마를 내고 보험을 가입해야 하는지 비교하면 된다. 암을 포함한 질병 관련 보험료는 평균수명 증가로 손해율이 꾸준히 올라가서 구관이 명관인 경우가 많다. 해지하기 전에 철저하게 따져봐야 한다.

아쉽지만 버리고,
이별해야 할 보험

앞에서 '절대 해지하면 안 되는 보험'을 알아봤다. 반면에 아쉽지만 버려야 할 보험도 있다. 보험 리모델링의 관건은 보험료를 낮추고 보장을 늘리는 것이다. 이러한 목적에 맞지 않는 보험이나 비용 대비 효용이 적은 보험은 당장 해지하는 것이 현명하다. 아쉽지만 버리고, 이별해야 할 몇 가지 보험유형을 정리해보면 다음과 같다.

첫 번째, 단기 저축목적의 변액유니버셜/변액연금 보험이다. 이건 해지하는 게 좋다. 앞에서 언급했듯이 사업비가 10%가 넘어가는 변액상품은 최소한 10년 이상 장기로 유지해야만 수익이 나는 상품이다. 이를 펀드로 오해하거나 단기목적 저축으로 생각했다면, 손실이 커지기 전에 해지하는 것이 좋다.

두 번째, 사망 담보 위주의 종신보험이나 CI보험 보험료가 가계 보험료의 절반 이상이거나, 유지하기 부담스럽다면 해지나 감액을 고려해야 한다. 집집마다 보험을 들여다보면 생존보장(실손의료비, 암, 간병) 등의 보장보다는 보험료가 비싼 사망보장 중심의 보험을 가지고 있는 경우가 많다. 물론 향후 상속세 재원 마련의 목적으로 종신보험을 가입했다면, 유지하는 게 좋다. 하지만 더 이상 보험에 가입할 여력은 없는데 대부분의 보험료를 사망보장에만 쓰고 있다면, 다시 점검해봐야 한다. 종신보험은 정기보험으로 보험료를 1/5가량 줄이고, 남은 금액으로 3대 질환(암뇌심)보장, 수술비보장, 간병보장, 연금보장을 더 챙기는 것이 트렌드에 맞는 현명한 보험선택이다.

세 번째, 보험료가 저렴하다는 이유로 무작위로 가입한 홈쇼핑, TM, 인터넷으로 가입한 상해 및 질병보험은 다시 한번 점검해봐야 한다. 예를 들어 실손의료비 보험 같은 상품도 지금은 중복가입 여부를 체크한 후 가입이 가능하지만, 불과 10년 전만 해도 중복가입 여부를 체크하지 않고도 가입이 가능했다. 예를 들어 A사와 B사에 각각 실손의료비 보험을 가지고 있다면, 한마디로 2개의 실손의료비 보험을 가지고 있다면 보험료만 이중으로 납입하고 있는 것이다. 보험증권을 펼쳐서 불필요한 중복보장이 없는지 점검해봐야 한다.

60세 이후 보험료 지출, 반드시 생각하라

보험을 합리적으로 리모델링하기 위해 중요한 것은 지금의 보장 수준 및 보험료다. 하지만 그보다 더 고려해야 할 것은 60세 이후의 보장 수준 및 보험료. 60세 이후 대부분은 은퇴하는 시점으로 지금만큼 소득을 올릴 수가 없기 때문이다. 이와 반대로 갱신형 같은 보험상품들은 보험료가 상당히 많이 올라간다. 주요 질병들이 60세 이후 급증하기 때문이다.

최악의 경우 소득은 끊기고 보험료는 급증하는 상황이 올 수도 있다. 지금 당장은 보험료 절감을 위해 대부분 상품을 갱신형으로 가입하는 것이 좋아 보인다. 그러나 이렇게 가입한 보험은 1년, 3년, 5년, 10년, 20년 등의 갱신주기가 되면 보험료가 올라가게 된다. 그리고 정작 소득이 단절되는 은퇴시점 이후에는 유지가 불가능할 수 있다. 아무리 보장이 좋아도 납입할 보험료가 나의 재정상황에서 버거운 수준이라면, 올바른 보장설계라 할 수 없다.

현재 나이가 30세라고 가정해보자. 그렇다면 지금뿐만 아니라 30년 후에도 유지가 가능한 보험을 들어야 한다. 미래에는 비싸지는 담보(대표적으로 3대 진단비, 수술비담보, 간병담보)는 되도록 비갱신형으로 젊은 시절에 가입하자. 그리고 갱신형 상품밖에 없는 실손의료비 보험 등만 갱신형으로 남겨놓는 것이 가장 좋은 선택이다. 만약 비갱신형 가입으로 인한 보험료가 부담된다면, 만기를 100세보다 짧은 90세 정도로 하는 것도 좋은 대안이 될 수 있다. 좋은 보험의 가장 큰 핵심은 은퇴 이후에도 보장받을 수 있고, 유지할 수 있는 보험이라는 것을 늘 명심하자.

사업비가 많은 연금과 저축성보험 쉽게 구별하는 법

보험에 사업비가 많다면 사업비가 적은 보험보다 보장 및 환급률이 떨어질 수밖에 없다. 그래서 보장이 비슷하다면 보험의 사업비 수준을 비교해 되도록 저렴한 사업비의 상품을 선택하는 게 좋다. 먼저 저축성보험이나 연금보험의 사업비를 구별하는 방법을 알아보자. 보통 가입설계서 맨 끝에 보면 사업비가 정리되어 있다.

연금 및 저축성보험 관련 수수료는 크게 계약체결비용, 계약관리비용, 2가지로 구분된다. 수수료를 볼때는 수수료를 차감하는 기간 및 수준(%)을 같이 봐야 한다. 〈도표 9-1〉을 보면 저축성보험은 7년 이내에는 계약체결비용으로 3.14%, 계약관리비용으로 2.1%를 차감하는 것으로 나타난다. 즉 매월 100만 원의 저축성보험에 가입할 때, 5.24%

구분	목적	시기	비용
보험관계비용	계약체결비용	매월	10년 이내(판매보수): 기본보험료의 0.73%(8,951원) 7년 이내(유지보수): 기본보험료의 2.41%(29,465원)
	계약관리비용	매월	10년 이내: 기본보험료의 2.1%
	위험보험료	매월	기본보험료의 0.0%(41원)
연금수령기간 중 비용	연금수령기간 중의 관리비용	연금수령시	연금연액의 0.0%
해지공제	해지에 따른 패널티	해지시	※<도표 9-2> 참고

의 수수료를 차감한다는 것이다. 금액으로 환산하면 52,400원을 뺀 947,600원이 순수하게 공시이율로 부리된다고 생각하면 된다. 저축성 보험은 공시이율 및 수수료 수준이 상품의 전부일 만큼 중요하다. 똑같은 액수를 저축성보험에 저축 목적으로 불입한다면, 수수료가 저렴한 상품을 찾는 것이 가장 중요하다.

저축성보험이나 연금보험 가입 시 고려해야 할 두 번째는 해지공제 비용이다. 해지공제비용이란 보험상품을 조기에 해약할 경우 계약자가 부담하게 되는 패널티라고 보면 된다. 보통 해지공제비용은 가입 이후 7년까지는 부과된다. 우리가 7년 이내 보험을 해지하게 되면 돌려받는 해지환급금이 생각보다 적은 이유가 바로 해지공제비용 때문이다.

도표 9-2 **저축성보험 가입설계서: 해지공제비용**

경과기점	1년	2년	3년	4년	5년	6년	7년	7년 이상
해지공제금액(만 원)	82.6	68.9	55.1	41.3	27.5	13.8	0	0
해지공제비율(%)	5.6	2.3	1.3	0.7	0.4	0.2	0	0

〈도표 9-2〉를 보자. 1년 이내 해지할 경우, 금액으로는 826,000원을 차감하고, 전체보험료 대비로는 5.6%를 공제한다는 의미다. 826,000원을 5.6%로 나누면 대략 1,475만 원이 나오게 된다. 즉 1년간 납입보험료가 1,475만 원, 월납으로는 123만 원짜리 저축성보험임을 알 수 있다. 해지공제비용에는 이렇게 많은 정보가 담겨 있다. 해지공제비용에서 1년차에 차감하는 해지공제비율(5.6%)을 보면, 이 상품이 동일한 설계조건으로 가입했을 때 다른 상품 대비 사업비가 비싼 상품인지, 저렴한 상품인지 쉽게 구분할 수 있다.

당신이 가입한 보험의 해지공제비율을 동일상품과 따져보자. 이때 해지공제비율이 낮은 상품이 소비자에게 유리한 상품이다. 이제 쉽게 상품의 사업비를 구분할 수 있을 것이다. 그렇다면 이런 구분법이 보장성보험에도 적용이 가능할까?

정답은 "Yes"이다. 사업비가 저축성보험보다 높기 때문에, 해지공제비용 및 해지공제비율도 보장성보험이 저축성보험보다 높다. 그래서

도표 9-3 **저축성보험 가입설계서: 추가비용**

구분	목적	시기	비용
추가납입보험료	계약유지·관리비용	납입시	추가납입보험료의 1.5%
중도인출수수료	중도인출에 따른 비용	중도인출시	없음

설계조건을 맞춰서 비교할 경우(예를 들어 저축성보험의 경우 '5년납, 10년 만기, 월납 10만 원'이라는 식으로 동일한 조건에서 비교해야 한다), 해지공제비용은 사업비를 쉽게 비교할 수 있는 유용한 팁이다.

마지막으로 추가납입수수료 및 중도인출 수수료를 알아보면 대부분 저축성보험 및 연금보험은 추가로 보험료를 납입할 때 수수료가 더 저렴하다. 납입 중간에 목돈이 생긴다면 중도에 추가납입이 가능하고, 혹여 중도인출이 필요할 때는 해지환급금의 일정 수준 내에서 가능하다. 추가납입 및 중도인출에 관한 수수료는 〈도표 9-3〉에 정리되어 있다.

〈도표 9-3〉을 보면 추가납입 수수료는 1.5%다. 7년 이내 사업비인 5.24%와 비교하면 많이 저렴하다. 또 중도인출 시에 수수료는 없는 것으로 나타난다. 따라서 추가납입수수료 및 중도인출 수수료가 저렴한 상품으로 고르는 지혜도 필요하다.

보장성보험 사업비,
어떻게 비교하나?

앞에서 해지공제비용으로 대략의 사업비를 가늠하는 방법을 알아봤다. 하지만 보장성보험의 보험료 비교는 저축성보험보다 좀 더 복잡하고 비교가 쉽지 않다. 왜냐하면 보장성보험은 담보가 몇 개 되지 않는 저축성보험과 달리 여러 가지 담보가 복잡하게 얽혀 있기 때문이다. 가입한 보험 중에서 보험료가 비싼 담보들은 보장금액 대비 보험료를 다른 상품들과 비교해볼 수 있지만, 보장기간/납입기간/보장금액을 맞춰서 비교하지 않으면 어렵다.

그래서 이번에는 좀 더 쉬운 방법을 설명하겠다. 각 보험사별로 주요 상품에 대한 보험가격지수를 비교해보면 된다. 보험가격지수는 보험사가 장래 보험금 지급을 위해 적립하는 보험료 대비 가입자가 실

도표 9-4 보험가격지수 확인: 생명보험협회/손해보험협회 공시실

도표 9-5 **암보험 보험가격지수 비교**

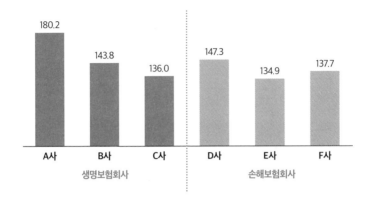

· 암 진단금 15년 만기/가입금액 1천만 원 기준
· 자료: 생명보험협회/손해보험협회 공시실

제로 부담하는 보험가격수준을 나타낸 것이다.

예를 들어 보험가격지수가 200%라고 하자. 그렇다면 가입자가 월 20만 원의 보험료를 냈을 경우, 10만 원은 보험금 지급을 위해 사용되고, 나머지 10만 원은 보험유지 및 가입을 위한 사업비로 사용된다고 생각하면 된다. 다시 말해 보험가격지수가 상대적으로 높다는 것은 타 상품 대비 사업비가 많다는 것이다.

보험가격지수 비교를 위해서는 생명보험협회 또는 손해보험협회의 공시실 사이트로 들어가 '상품비교공시' 메뉴를 눌러 나오는 창에서 '보험가격지수'를 확인해보면 된다. 보험가격지수는 각 보험회사 동일

유형 상품의 평균적인 가격을 100으로 해서, 이를 기준으로 해당 보험 회사 상품 가격 수준을 나타낸 지표다. 암보험은 암보험끼리, 종신보험은 종신보험끼리 보험료 수준을 비교할 수 있다. 보험가격지수가 80인 상품은 동일 유형 상품의 평균 가격 대비 20% 저렴하다는 뜻이다. 비교해보고 싶은 상품 담보나 보험사별로 선택하여 비교가 가능하다.

대표적으로 보험료가 비싼 암보험 보험가격지수를 비교해보면 〈도표 9-5〉와 같다. 생각보다 각 회사별로 보험료 차이가 많이 나는 것으로 나타났다. 보험료가 오르지 않는 비갱신형 담보의 경우, 주요 담보별로 보험가격지수를 비교해보는 것이 알뜰한 보장성보험 선택의 방법이 될 수 있다.

잘못 탄 열차는
반드시 갈아타야 한다

많은 분들을 상담하다 보면 지금보다 보장은 더 많아지고 보험료는
더 줄어드는 데도, 쉽게 보험 리모델링을 하지 못하는 경우를 자주 본
다. 가장 큰 이유는 그동안 유지해온 보험을 해지하는 데 발생하는 손
해를 용납하지 못해서다. 간혹 설계사들 중에는 이전에 다른 설계사
에게 가입한 보험을 무조건 잘못된 것처럼 말하는 사람들이 있다. 정
말, 잘못된 행태다.

　예를 들어 15년 전에는 휴대폰을 사려면 3G폰 밖에 없었다. 그런데
15년 전에 구매한 3G폰을 지금 판매하는 5G폰과 비교해 폄하하는
것은 잘못된 비교다. 과거에 나왔던 상품이 더 좋을 수도 있고, 최근
에 나온 상품이 더 좋을 수도 있는 것이다. 중요한 것은 정확한 비교

를 통해 상품을 선택하는 것이다.

보험 리모델링을 하려고 하는데, 설계사가 "해지 시에는 이러이러한 손해가 발생하지만 만기까지 가져가게 되시면 더 잃게 되는 손해가 많습니다. 그래서 이런저런 이유로 다음과 같은 상품으로 바꾸셔야 합니다"라고 말했다면, 그 설계사는 양심적이고 제대로 된 상담을 해주는 설계사다. 수많은 보험가입자들이 지금보다 더 좋아지는 상품이 있는데도, 기존의 보험을 해지하거나 줄이는 부담감 때문에 망설인다. 그때 필자는 다음과 같은 이야기를 해드린다.

"고객님께서는 대전에서 서울행 열차를 타야 하는데, 잘못해서 부산행 열차를 탔습니다. 얼마 지나지 않아 열차를 잘못 탔다는 사실을 알았습니다. 그렇다면 고객님은 이미 구매한 부산행 열차표 값이 아깝다고 끝까지 부산행 열차를 타실건가요? 아니면 동대구역에서 내려서라도 서울행 열차로 갈아타실 건가요?"

예전에는 없었던 보험상품이기 때문이든, 내가 가입한 보험이 현재 소득수준에 맞지 않는 과한 보험이든, 내 보험이 사망보장에만 치중되어 있든, 어쨌든 잘못 탄 열차는 중간에 내려서 갈아타야 한다. 그래야 낭비를 줄일 수 있다. 부산까지 갔다가 다시 서울로 오려면 이미 약속시간에 늦어버리거나 설령 시간이 있더라도 더 많은 승차료를 지불해야 하기 때문이다.

가성비 최고의 보장을
챙기는 방법

'가격'이라는 말은 '물건이 가지고 있는 가치를 돈으로 나타낸 것'이라는 뜻이다. 즉 가격이 그 물건의 가치라고 할 수 있다. "싼 게 비지떡"이라는 속담, "비싼 데는 이유가 있다"는 말이 그런 뜻을 내포하고 있는 표현들이다. 하지만 종종 우리는 그렇지 못한 경우를 경험하는 것같다. 누구나 한 번쯤 비싼 가격을 지불하고 산 물건이 제값을 못하는걸 본다. 그래서 요즘 대세인 소비트렌드 키워드는 '가성비' 혹은 '가심비'가 아닌가 싶다. 가성비란 '가격 대비 성능이 뛰어난 상품'을 통칭하는 말이다.

4인 가족 기준으로 매월 40만 원의 보장성보험료를 납입한다고 가정해보자. 한 달 보험료는 40만 원에 불과하지만, 1년 보험료는 총 480

만 원이다. 보장성보험 평균 납입기간인 20년간 납입보험료가 자그마치 9,600만 원이다. 엄청난 돈을 보험에 쓰고 있는 것이다. 20년치 이자까지 고려한다면, 우리가 평생 살면서 지출하는 비용 중 집을 사는 데 들어가는 비용, 자녀를 키우는 데 들어가는 비용 다음으로 많은 지출이 보험료가 아닐까? 그런데 이렇게 많은 비용을 지출하는 보험이 제 기능을 못한다면? 정말 화가 나는 일이 아닐 수가 없다. 보험이 대개 장기상품인 걸 생각하면 더 그렇다.

보험상품에서도 가성비 좋은 득템이 가능할까? 물론 충분히 가능하다. 보험에 대해 제대로 알기만 하면 된다. 가성비 최고의 보험상품을 득템하고 싶다면, 다음과 같이 하면 된다.

① 기존에 가입한 보장 중 죽어도 해지하지 말아야 할 보험은 없는지, 아쉽지만 버려야 할 보험은 없는지를 반드시 확인하자.

② 지금 당장 보험료가 저렴하다는 것에 만족하지 말고, 은퇴 이후 납입할 보험료를 고려하자.

③ 같은 보장이라면 가능한 사업비가 적게 들어가는 보험을 가입하는 것이 현명한 선택이다. 지금 가입하고 있는 보험 중 가격 대비 효율이 좋지 않은 보험이 있다면, 과감하게 정리하고 제대로 된 보험에 가입해야 한다.

〈도표 9-6〉은 현재 가입되어 있는 보장을 한 장으로 정리해볼 수

도표 9-6 **보장분석 셀프 체크리스트**

구분			상품별 가입금액			비고
실손의료비		상해입통원				
		질병입통원				
3대 진단비	암	암진단				
		고액/특정암				
		이차암				
		재진단암				
		암수술				
		암입원				
		항암방사선				
	뇌	뇌졸중진단				
		뇌출혈진단				
		뇌혈관질환진단				
	심장	급성심근경색				
		허혈성진단				
수술		상해수술				
		질병수술				
입원비		상해일당				
		질병일당				
후유장해		상해후유장해				
		질병후유장해				
노후보장	간병	1~2등급				
		1~4등급				
사망		상해사망				
		질병사망				
기타		운전자보험				
		일상생활배상책임				
		화재벌금				
보험료						

있는 간단한 목록이다(실제로 많은 보험설계사들이 같은 양식으로 고객의 보장을 진단·분석해주고 있다). 지금 우리 집에 있는 보험증권을 꺼내 〈도표 9-6〉 표에 한 번 정리해보자. 특히 여러 가지 보험을 가입하고 있다면 반드시 해봐야 한다.

특정 보장에 집중적으로 보험이 가입되어 있지는 않은가? 꼭 필요한 보장인데, 그 칸이 비어 있지는 않은가? 노후시기에 더 필요한 보장인데, 보장이 너무 일찍 끝나지는 않는가? 보장이 준비는 되어 있는데, 보장금액이 터무니없이 적지는 않은가?

내 보험이 가성비 최고의 보장이 되느냐, 아니면 가격만 비싼 엉터리 보장이 되느냐는 '내가 얼마나 아느냐'에 달려 있다. 적어도 이 책을 읽고 있는 독자라면 보험에서 '호갱님('호구+고객님'의 합성어)'이 아니라, 득템족이 되어야 하지 않겠는가?

Chapter 10

가입부터 보험금 청구까지
꼭 챙겨야 할 것

보험가입 전 꼭 체크해야 할 핵심 사항

보험은 정말 잘 가입해야 하는 상품이다. 5년 정도 쓰고 바꾸거나 버릴 물건이라면 대충 골라도 괜찮겠지만, 요즘에 나오는 보험들은 일생을 함께해야 하는 100세 상품이 대부분이기 때문이다. 각자 처지와 형편이 다르기 때문에 천편일률적으로 '이렇게 가입해야 한다'라는 지침을 내기도 어려운 것이 보험상품이다. 그럼에도 불구하고 보험가입 시 꼭 체크해봐야 할 것이 있다. 이것만 유의하더라도 보험을 오랜 기간 유지할 수 있다.

첫 번째, 나의 목적에 적합한 보험이어야 한다.

아직 결혼도 하지 않은 미혼의 남성이 고액의 종신보험을 가입하거나, 5년 뒤에 결혼자금을 모을 목적으로 변액연금보험에 가입하는 것이 대표적으로 잘못 가입한 사례다. 종신보험은 생계를 책임지는 가장이 사망위험에 대비하기 위한 보험이고, 변액연금보험은 10년 이상 유지할 목적으로 먼 미래에 나의 노후생활을 위한 연금확보 차원에서 준비하는 보험이기 때문이다. '지금 나는 이 보험을 왜 가입하려고 하나?' 다시 한번 스스로에게 질문을 해봐야 하고, 정말 어떤 보험이 필요한지 전문가에게 합리적인 상담을 받아야 한다.

두 번째, 이미 가입되어 있는 증권을 분석해 보장이 부족하거나 혹은 보장이 중복되어서 필요 없는 보험을 골라내야 한다.

예를 들어 40대 여성 고객이 있다. 이미 암보험에 가입되어 있는데, 또 다른 암보험에 가입하려고 한다. 이런 경우에는 또 다른 암보험보다는 실손의료비 보험을 들어야 한다. 이후에 부족한 암보장을 확인해서 채우는 것이 좋다.

그러므로 기존에 자신이 가입한 보험증권을 꼼꼼히 따져보는 것이 정말 중요하다. 가입한 증권을 분석할 때는 주요 보장 5가지의 유무(사망, 실손의료비, 암, 2대 진단금, 입원비+수술비) 및 보장금액의 크기와 보장기간을 따져봐야 한다.

세 번째, 보장의 종류, 크기, 기간을 따져봤다면, 이제는 보험료 납입기간 및 보험료 인상(갱신형 or 비갱신형)을 따져봐야 한다.

앞에서 당장은 보험료가 싸다고 갱신형으로 가입해도, 대부분은 시간이 지날수록 소비자에게 부담이 된다고 했다. 언제까지 보험료를 납입해야 하는지, 은퇴 이후 보험료 수준은 얼마가 될지 따져봐야 한다. 유지할 수 없는 보험은 빛 좋은 개살구에 불과하기 때문이다.

네 번째, 가계수입 대비 전체 보장성보험료의 수준을 살펴보자.

가계의 형편에 따라 보험료 수준은 다르겠지만, 보통 재무 전문가들은 수입의 10% 내에서 보장성보험료를 내라고 말한다. 지금 가계의 수입이 300만 원이라면 보장성보험료가 30만 원이 넘지 않도록 하라는 것이다. 물론 이런 비율은 은퇴 이후에도 유지되게끔 설계되어야 한다. 예를 들어 현재는 보험료가 가계수입의 10% 내이지만, 시간이 흘러서 은퇴 이후에는 수입의 30% 수준으로 되어서는 안 된다는 것이다. 이렇게 하면 가계에 부담이 된다.

다섯 번째, 보험대상인 피보험자의 기왕력을 정확하게 알려야 한다.

만약에 기왕력(기존에 질병이나 상해로 인한 수술, 입원, 치료, 투약 이력)에 대해 숨기고 보험에 가입했다고 해보자. 향후 보험금 청구 시 회사가 이 사실을 알게 되면, 보험금 지급이 거절되고 일방적인 보험계약 해지를 당할 수 있다. 또한 보상을 받게 되더라도 보험금 지급액이 줄어들게 되는 경우가 대다수다. 그렇기 때문에 가입 전에 정확히 자기 질병이나 상해에 대한 이력을 밝혀야 한다.

여섯 번째, 계약자, 피보험자, 수익자 선택을 제대로 해야 한다.

가장 대표적인 사례가 "타인의 생명을 계약으로 하는 보험의 경우에는 반드시 피보험자의 서면동의를 받아야 한다"는 내용이다. 예를 들어 계약자인 아내가 동의 없이 남편을 피보험자로 하여 종신보험을 들었을 경우, 피보험자(남편)가 사망하게 되더라도 원칙적으로 보험금 수령은 불가하다. 계약 자체가 무효이기 때문이다.

배우자 몰래 내연관계에 있는 사람과 공모해 배우자를 죽이고, 보험금을 수령하려다 적발된 사례가 실제로도 더러 있다. 그래서 보험회사와 계약한 보험계약자, 보험의 대상이 되는 피보험자, 그리고 보험금을 수령하게 되는 보험수익자를 잘 설정해야 이런 문제를 막을 수 있다. 또한 계약자와 피보험자가 부모이고 수익자가 자녀인 것처럼 계약자와 수익자가 다르게 설정된 저축성보험이나 연금보험의 경우, 대부분 증여세 및 상속세와 관련한 문제가 생기므로 계약 전에 이를 반드시 따져봐야 한다.

74

당신의 보험,
보험료 납입면제 기능이 있나요?

납입면제란 피보험자가 중증질환(암뇌심 3대 질환)이나, 80% 이상 고도후유장해에 해당할 경우 보험료 납입을 면제해주는 특약을 말한다. 과거 10년 전만 해도 이런 납입면제 기능이 있는 상품이 얼마 되지 않거나, 80% 이상 고도후유장해에 해당할 경우에만 납입면제가 되었다.

그러나 2015년 이후 다양한 납입면제 기능이 부가된 상품들이 출시되었다. 암보험의 경우 암(유사암은 제외)에 걸리면 향후 납입보험료를 면제하고, 보험사가 납입기간 전체의 보험료를 납입해주는 것이 대표적인 사례. 더 나아가 이미 납입한 보험료를 돌려주고 앞으로 납입할 보험료를 면제해주는 상품도 있다. 따라서 보험가입 전 납입면제 조건에 대해 꼼꼼하게 따져봐야 한다.

가입한 상품이 심각한 질병이나 상해에 노출된 나에게 보험료를 계속 내라고 하는 보험이라면, 납입면제 기능이 있는 상품으로 갈아타는 것도 좋은 대안이 된다. 단, 납입면제 기능이 있는 상품은 그렇지 않은 상품보다 보험료가 다소 비싸다. 이때는 표준형과 납입면제형 상품의 보험료를 비교하고 선택하는 것이 좋다. 한 가지 팁을 더한다면 암 진단금, 뇌졸중 진단금, 급성심근경색증 진단금 같은 진단금은 대다수가 최초 1회한인 경우가 많다. 이때는 보험금 수령사유가 생기면 해당 담보 자체가 소멸하므로, 향후 그 담보에 해당하는 보험료는 납입하지 않아도 된다.

따라서 반복수령할 수 있는 수술비와 입원비 같은 담보는 납입면제형 상품을 선택하고, 진단금 중심의 담보는 표준형 상품을 선택하는 것도 좋은 방법이 된다. 투자격언에 "달걀을 한 바구니에 담지 말라"는 말이 있다. 보험도 이것과 비슷하다. 모든 담보를 한꺼번에 다 넣은 종합형 상품은 그다지 현명한 선택이라 할 수 없다. 필요에 따라 쪼개서 진단금보험, 수술비보험, 간병비보험 등 보장별로 단품형 상품으로 가입하는 것이 요즘 트렌드에 맞는 보험가입법이라고 할 수 있다.

치명적인 위험인가,
일반적인 위험인가

누구든 대한민국에서 판매하는 보험의 모든 보장을 준비할 수는 없다. 보험에 가입할 때 가장 중요한 것 중 하나가, '정말 나에게 필요한 보장이 무엇인가'를 잘 분별해내는 것이다. 그래서 필자는 다음과 같은 방법을 제안하고 싶다. 보험가입을 위해 만난 설계사로부터 제안받은 수많은 보장들을 '치명적인 위험'과 '일반적인 위험'으로 구분해보라고 말이다.

'치명적 위험'이란 '없으면 큰일 나는 보장'을 말한다. 예를 들어보자. 박독자 씨는 40대 중반으로 12살, 9살이 된 자녀가 있는 외벌이 가장이다. 이런 박독자 씨에게 있어서 '치명적인 위험'은 어떤 것이 있겠는가? 첫 번째, 사망보장이다. 지금 당장 박독자 씨가 사망한다면 어린 자녀들은 경제적 위험에 처하게 되므로, 사망보장은 반드시 준비해야 한다. 두 번째, 후유장해보장이다. 가장이 후유장해로 인해 소득은 없으면서 고액의 병원비를 계속 지출하는 상황이 자녀들에게는 가장 끔찍할지도 모른다. 세 번째, 암, 뇌혈관질환, 심혈관질환에 대한 보장이다. 앞에서 계속 얘기한 바와 같이 대한민국 남성에게 가장 위험한 질병이기 때문에 그렇다.

그 외에도 각자의 상황에서 '없으면 큰일 나는 보장'이 있을 것이다. 이런 치명적 위험은 개개인의 가족력, 성향에 따라 다르기 때문에 본인에게 위험한 것이 무엇인지 스스로 잘 고민해야 한다. 가족 중에 암 환자가 있다면 암이 치명적 위험에 포함이 될 것이고, 치매환자를 모시고 있는 가정이라면 간병이 치명적 위험일 것이다.

반면에 '일반적 위험'은 '있으면 좋은 보장'을 뜻한다. 다시 말해 없다고 해서 큰일이 나지는 않지만, 있으면 경제적으로 도움이 되는 보장이다. 예를 들면 '입원일당' 같은 보장이다. 박독자 씨가 암에 걸렸다. 실손의료보장과 암 진단금 같은 '치명적 위험'을 준비해두었다면, '입원일당'은 있으면 좋지만 없다고 해서 큰일이 나지는 않는다는 것이다. '골절 진단금' 또한 실손의료비보장이 준비되어 있다면, 없다고 해서 큰일 나는 보장은 아닐 것이다. 치료비 외에 30만 원(혹은 60만 원) 정도의 진단금을 받아 보약 한 첩은 지어 먹을 수 있겠지만, 골절 진단금이 없다고 치료를 못 받는 것은 아니지 않은가? 또 자동차사고를 당해 병원에 입원을 했는데, 자동차사고부상위로금* 담보가 없다고 하자. 물론 있으면 더 좋을 것이다. 하지만 가해자 보험사로부터 치료비 전액을 보상받는 피해자 입장에서 생각하면, 추가적인 부상위로금은 없다고 큰일 나는 보장은 아니다.

필자의 말을 '치명적 위험'만 준비하고 '일반적 위험'은 필요 없다고 오해하지 않기를 바란다. 다만 보험에 가입할 때 우선순위를 고려하라는 것이다. 보험가입 1순위는 '치명적 위험'이 되어야 한다. 치명적 위험부터 준비한 후, 보험료 납입여력이 있거나 추가적인 가입이 필요하다고 느껴질 때 '일반적 위험'을 준비하는 것이 올바른 보장선택의 순서다.

---

* 피보험자가 자동차사고로 부상을 입었을 경우에 진단받은 상해급수(1~14급)에 따라 보험금을 지급하는 담보

3대 기본지키기,
무겁게 지켜야 하는 이유

설계사가 보험계약 당시 '3대 기본지키기'를 제대로 안 지켰을 경우, 보험계약자는 청약일 이후 3개월 이내에 보험의 취소를 보험회사에 요청할 수 있다. 보험 취소를 요청하면 회사는 납입보험료에 보험계약 대출이율을 복리로 적용해 계약자에게 보험료를 돌려주어야 하며, 계약은 처음부터 없던 것으로 무효가 된다.

그래서 보험계약 당시 3대 기본지키기 이행 여부는 매우 중요하다. 여기서 3대 기본지키기는 약관 및 청약서부본의 전달, 청약서에 계약자 및 피보험자의 자필서명, 약관의 주요 내용 설명, 3가지를 뜻한다. 불완전한 계약으로 인한 소비자들의 피해 및 향후 발생할 민원을 막기 위해 시행하는 제도라고 생각하면 된다. 그래서 내가 가입한 보험에 대해서 약관 및 청약서부본을 전달받지 못했거나, 청약서에 계약자 및 피보험자 자필서명을 대리했다거나, 약관의 주요 내용을 설명받지 못한 경우에는 보험사에 당당하게 계약취소를 요청할 수 있다.

이런 3대 기본지키기를 이행하지 않고 계약을 받기에 급급한 설계사들이 있다. 이들은 신뢰도가 매우 낮은 설계사로 봐도 무방하다. 예를 들어 한 달에 20만 원씩 20년을 납입하는 종신보험이 있다. 이때 총 납입보험료는 4,800만 원인데, 이런 거액의 보험료를 내고 가입을 하는데 자필서명도 안 하고, 구입하는 상품에 대한 설명도 제대로 듣지 못하고, 계약서도 지급받지 못했다면, 당연히 이런 계약은 향후에 문제가 생긴다고 봐야 한다.

소비자들은 3대 기본지키기에서 최초 가입 시 더욱 주의를 기울여야 한다. 특히 약관의 주요 내용 설명에 대한 이슈가 가장 많은 논란이 되고 있다. 약관이 웬만한 법조문만큼 양이 많고 내용도 상당히 어렵기 때문이다. 계약 시 소비자들은 '약관의 주요 내용에 대해 충분히 설명을 들었음' 같은 문구를 자필로 청약서에 적고 자필서명을 하게 된다. 하지만 실제로는 약관의 모든 내용을 다 설명 받을 수도 없고, 설명 받은 내용이라도 나중에 다 기억할 수 없다.

그러므로 나중에 문제가 될 수 있는 내용들은 약관이나 청약서에 형광펜을 칠해서 자세히 설명해달라고 설계사에게 요청해야 한다. 가입 당시 설계사가 나눠준 상품에 대한 전단지나 브로셔를 챙겨두는

도표 10-1 **금융소비자보험법 6대 판매원칙**

적합성 원칙	상품 판매 시 소비자 재산 상황, 투자 경험 등 고려
적정성 원칙	소비자가 구매하려는 상품이 소비자의 재산 상황 등에 비추어 부적절할 경우 그 사실을 소비자에게 고지·확인
설명 의무	상품 판매 시 또는 소비자 요청 시 상품의 중요 사항을 설명
불공정행위 금지	상품 판매 시 우월적 지위를 이용한 소비자 권익 침해 금지 (대출 관련 다른 금융상품 계약이나 담보 강요 등)
부당권유 금지	상품 판매 시 소비자가 상품에 대해 오인할 수 있는 행위 금지 (사실과 다른 내용으로 설명, 객관적 근거 없이 상품 비교 등)
허위·과장광고 금지	광고 시 필수적으로 포함해야 하는 사항 및 금지 행위

것도 나중에 분쟁이 생겼을 때 대처할 수 있는 좋은 방법이다. 그래도 3개월이 지나면 계약에 대한 취소를 하더라도 보험료를 다 돌려받지 못하는 경우가 생긴다. 의심쩍은 계약은 청약일로부터 3개월 이내에 해결해야 한다.

2021년 9월 25일부터는 '금융소비자보호법'이 시행되어 금융회사가 6대 판매원칙(적합성 원칙, 적정성 원칙, 설명 의무, 불공정영업행위 금지, 부당권유행위 금지, 허위·과장광고 금지)을 어길 경우, 소비자가 위반사항을 알게 된 날로부터 1년 또는 계약체결일로부터 5년 이내 중 먼저 도래하는 날까지 위법계약해지권을 행사할 수 있다.

보험금 잘 챙겨 받기,
어떻게 해야 하나?

보험은 가입하는 것도 중요하지만, 보험금을 빠짐없이 잘 챙겨 받는 것이 더 중요하다. 아무리 좋은 상품, 좋은 보장에 가입했다 하더라도 제대로 보험금을 지급받지 못한다면, 쓰지도 못하는 물건에 돈을 낭비한 것과 다르지 않기 때문이다. 필자가 수년 간 보험사 지점장으로 근무하면서 겪은 고객 민원 대부분이 바로 '보험금을 제대로 지급해주지 않는다'는 것이었다.

그렇다면 이토록 중요한 보험금을 빠짐없이 잘 챙겨 받으려면 어떻게 해야 할까? 대부분 보험금 청구에 관한 전문적인 지식을 갖고 있는 담당 설계사가 잘 챙겨주겠지만, 그렇지 못한다면 가입자 스스로 보상절차에 대한 지식을 갖고 있어야 한다. 무작정 담당 설계사만 믿고

도표 10-2 보험금 청구 구비서류 예시

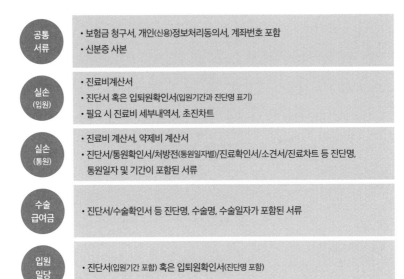

공통 서류	• 보험금 청구서, 개인(신용)정보처리동의서, 계좌번호 포함 • 신분증 사본
실손 (입원)	• 진료비계산서 • 진단서 혹은 입퇴원확인서(입원기간과 진단명 표기) • 필요 시 진료비 세부내역서, 초진차트
실손 (통원)	• 진료비 계산서, 약제비 계산서 • 진단서/통원확인서/처방전(통원일자별)/진료확인서/소견서/진료차트 등 진단명, 통원일자 및 기간이 포함된 서류
수술 급여금	• 진단서/수술확인서 등 진단명, 수술명, 수술일자가 포함된 서류
입원 일당	• 진단서(입원기간 포함) 혹은 입퇴원확인서(진단명 포함)

· 보험금 청구와 관련된 자세한 사항은 각 보험회사 담당 설계사 혹은 콜센터를 통해 문의해야 한다

손을 놓고 있으면 안 된다. 보험금 청구 절차를 이해하고 있어야, 좀 더 꼼꼼히 보험금을 챙길 수 있기 때문이다. 보험금을 잘 챙기기 위한 방법은 2가지다. 다음을 보자.

첫 번째, 보험금 청구를 위한 서류 챙기기다.

치료를 마치고 보험금 청구를 위해 서류를 발급받으러 또 다시 병원에 가야 한다면 얼마나 귀찮겠는가? 〈도표 10-2〉는 미리 준비하면 번거로움을 줄일 수 있는 보험금 청구 시 필요한 서류를 정리한 것이다. 단, 보험사별로 필요로 하는 서류가 조금씩 다를 수 있다(보험금 청구 서류는 각 보험사 홈페이지에서 쉽게 확인할 수 있으니 꼭 참고하도록 하자).

요즘에는 50만 원 이하의 소액건에 대해서는 보험금 청구서류 작성 없이 보험사 홈페이지나, 보험금 청구 스마트폰 어플을 통해 손쉽게 청구할 수 있다. 팩스를 보내기 힘든 일반적인 가정의 소액청구 건이라면, 휴대폰 사진촬영으로 손쉽게 서류를 전송할 수 있는 스마트폰 어플을 활용하는 것이 훨씬 편리할 것이다.

두 번째, 병원치료를 받아야 할 상황이 생겼다면, 우선 담당 설계사에게 전화로 치료사실을 알려주자.

제대로 된 설계사라면 방문 혹은 전화로 보험금을 지급받을 때 필요한 서류, 보험사에서 보상해주지 않는 병원비용 등에 대해 상세히 알려줄 것이다. 예를 들어 실손의료비 보험은 가입한 시점에 따라(실손 의료비 보험 약관은 수많은 변경 절차를 거쳤기 때문에 가입시점에 따라 보상기준이 다르다) 상급병실료 차액*에 대한 보상기준이 다르다. 2003년 9월 이전에 가입한 실손의료비 보험이라면, 원칙적으로 상급병실료 차액을 보상해주지 않는다. 2003년 10월부터 2009년 9월 사이에 가입한 실손의료비 보험이라면, 2인실 기준 금액을 한도로 50% 보상을 받을 수 있다.

---

* 상급병실료 차액: 병원에서 정한 기준 병실을 사용하지 않고 상위의 병실(1인실, 2인실 등)을 사용하였을 경우 발생되는 병실료의 차액

2009년 10월 이후에 가입한 실손의료비 보험이라면, 1일 평균금액 10만 원을 한도로 50%를 보상해준다.

필자도 관련 경험이 있다. 아들이 폐렴에 심하게 걸려 일주일간 병원에 입원한 적이 있었다. 기침, 고열에 힘들어하는 아들을 안고 기준 병실(6인실)에 들어갔는데, 이게 웬일인가! 병실에 콜록거리는 아이들만 5명이었다. 병 치료하러 갔다가 병을 더 얻을 것만 같았다. 간호사에게 문의해 1일 입원비용이 7만 원인 2인실이 한 군데 비어있다는 것을 알았다. 2007년에 아들 이름으로 실손의료비 보험을 가입했기 때문에 아무런 망설임 없이 2인실로 병실을 옮겼다.

왜 그랬을까? 간단하다. 상급병실료 비용 7만 원의 50%인 35,000원은 실손의료비 보험에서 지급될 것이고, 특약으로 가입한 질병입원일당 3만 원이 추가로 나오기 때문이다. 결론적으로 하루에 단돈 5,000원만 내고 좀 더 쾌적한 병실에서 치료받게 할 수 있었던 것이다. 거기다가 또 운이 좋게도 2인실에 입원한 일주일 동안 옆 침상에 환자가 입원하지 않아 1인실 같은 2인실에서 치료를 받는 호사를 누릴 수도 있었다.

이런 사례 말고도 병원에 가기 전 담당 설계사에게 연락을 해야 할 이유는 또 있다. 똑같은 치료를 받았다고 하더라도 보험금이 지급될 수도 있고, 그렇지 않을 수도 있기 때문이다. 다음에 나오는 A씨와 B씨의 사례를 보자.

A씨는 평소 잦은 복통과 설사 때문에 병원을 방문했다. 담당 의사로부터 위내시경 검사를 하자는 진단을 받아 치료를 받았다. 한편 B씨는 친척이 위암 진단을 받았다는 소식을 듣고, 덜컥 겁이 나서 병원에 방문해 위내시경 검사를 요청했다. 이런 경우 A씨와 B씨의 보험금 지급은 어떻게 될까? 결론적으로 A씨는 보험사로부터 위내시경 검사에 대한 비용을 지급받을 수 있지만, B씨는 보험금을 받지 못할 가능성이 높다. 왜 그럴까?

이유는 간단하다. 보험금이 지급되는 것은 담당의사가 필요하다고 인정한 치료에 한해 가능하기 때문이다. 담당의사는 간단한 검사면 충분하다고 하는데 환자 본인이 우겨서 전신 정밀검사를 받았다면, 이것은 치료가 아닌 건강검진으로 봐야 한다는 것이다. 그러니 급한 경우가 아니라면 병원에 방문하기 전에 담당 설계사에게 "내가 ○○○ 치료를 받으려고 한다"라고 알려주자. 수년간의 노하우를 갖고 있는 설계사라면 해당 분야의 치료를 잘하는 병원이나 의사를 소개해줄 것이다. 또한 최근 출시된 보험상품의 경우 일정 가입조건이 되면 메디케어서비스(병원예약, 건강상담 등)를 제공하기도 한다.

참고로 드물지만 보험금 지급 심사 담당자의 실수나 기타 요인으로 인해 보험금이 잘못 지급되는 경우도 더러 있다. 보험금이 내 통장에 입금된 걸로 안심하고 끝내면 안 된다. 담당 설계사에게 꼼꼼히 확인하여 내가 납입한 병원비와 개인부담금을 제외한 총 보험금의 수령금

액이 맞는지 정산을 해봐야 한다. 정산을 해서 만약 보험금이 덜 지급
되었다면, 담당 설계사를 통해 보험사에 재확인을 요청할 수 있다. 적
은 금액이라도 놓치지 말아야 한다.

잃어버린 당신의 보험금, 찾아드립니다!

부모님이나 배우자가 사망하게 되면, 유족들이 인지하지 못한 보험가입으로 보험금 신청을 하지 못해서 보험금을 지급받지 못하는 경우가 발생하게 된다. 이외에도 우리가 모르는 휴면보험금이 있을 수 있다. 이런 휴면보험금은 '휴면계좌 통합조회 시스템(http://www.sleepmoney. or.kr)'에서 쉽게 조회할 수 있다. 전국은행연합회에서는 휴면보험금뿐만 아니라 휴면예금까지 조회가 가능하다. 휴면계좌 조회하기에서 공인인증 조회로 들어가면 쉽게 나의 휴면계좌를 조회할 수 있다. 2021년 4월 기준으로 약 12조 원의 휴면보험금이 지급되지 못하고 보험사에서 잠자고 있다 하니 점검해봐야 한다.

생명보험협회와 손해보험협회가 운영하는 '내보험 찾아줌(https://

도표 10-3 **은행연합회 휴면계좌 통합조회 시스템**

도표 10-4 **생명보험협회·손해보험협회 보험가입조회 서비스**

cont.insure.or.kr)' 사이트를 통해서도 나의 보험가입현황을 조회할 수 있다. 공인인증서로 생존자 또는 사망자의 보험을 조회하면 된다. 카카오뱅크에서도 휴면예금 및 보험금을 조회하여 수령할 수 있도록 서비스를 제공하고 있다.

월납입 보험료를 조정하는
5가지 방법

내가 가입하려는 보험의 보장은 좋은데, 주머니 사정이 여의치 않다면 월납입 보험료를 조정할 수밖에 없다. 월납입 보험료를 조정하는 방법은 5가지가 있다.

첫 번째, 보험료 납입기간을 늘리는 것이다. 예를 들어 100세 만기 암보험 상품을 선택했더라도, 10년납보다 15년납을 선택하면 납입기간은 늘어나지만 월납입 보험료는 줄어들게 된다.

두 번째, 주요 담보의 보장금액을 줄이는 것이다. 예를 들어 암보험 진단금을 5천만 원에서 3천만 원으로 줄이는 방법이 여기에 속한다.

세 번째, 담보의 가짓수를 줄이는 것이다. 보통 보험상품을 설계할 때 필요에 따라 몇 개의 간단한 담보로 구성할 수도 있고, 수십 가지의 담보로 복잡하고 다양한 보장을 설계할 수도 있다. 여기서 중요한 담보만 남겨두고 부수적인 담보를 뺀다면 보험료를 줄일 수 있다. 예를 들어 가장 대표적인 방법이 상대적으로 비싼 입원일당 담보를 빼는 것이다. 이것 또한 한 가지 방법이 될 수 있다.

네 번째, 보장기간을 줄이는 것이다. 실제로 요즘 나오는 대부분 상품은 100세 만기 상품이다. 물론 길어진 평균수명에 대비하는 것은 좋다. 하지만 길어진 보장기간 만큼 높아진 보험료 때문에 보험가입을 못하게 된다면, 오히려 그것이 보험가입자에겐 독이 될 수 있다.

그래서 100세까지 보험료가 부담스럽다면 90세 정도로 보장기간을 줄이는 것을 추천한다. 합리적인 보험료 수준으로 90세까지의 보장은 확보할 수 있기 때문이다. 예를 들어 2021년 A손해보험사에서 출시된 간병보험은 50세 여성이 1억 원의 간병비를 보장하는 상품에 가입할 경우, 100세까지는 보험료가 21만 원에 육박한다. 그런데 이걸 90세로 보장기간을 줄이면, 보험료는 절반 이하인 9만 원으로 줄어들게 된다.

다섯 번째, 앞장에서 언급한 저해지나 무해지 보험을 활용하면, 10~30%의 보험료를 절감할 수 있다. 다만 중도해지 시 환급금이 적거나 아예 없을 수 있으므로, 이러한 점은 유의해야 한다.

이렇게 5가지 방법으로 자기가 원하는 보험료의 수준을 조절할 수 있다. 구체적인 방법은 내 보험을 담당하는 설계사들과 상담해 가장 최적의 방법을 찾으면 된다.

다만 주의할 것이 있다. 예를 들어 갱신형 담보를 선택하는 방법으로만 보험료를 조절한다고 해보자. 그러면 보장 크기는 줄이지 않고 보험을 가입할 수 있지만, 나중에 갱신 시에 올라간 보험료가 유지에 부담이 될 수 있다. 이러한 점을 고려해야 한다. 보험료가 비싸다고 보험을 들지 않는 것보다 보장을 조금 조절하는 방법으로 가입하는 것이 훨씬 더 좋은 선택임을 명심해야 한다.

보험가입, 더 이상
늦춰서는 안 된다

건국 이래 최저금리인 0.5~1%대 금리가 지속되고 있다. 그런데 이런 저금리시대일수록 노후대비를 위한 보험가입을 절대로 늦추지 말아야 한다. 왜 그럴까?

첫 번째, 지속적인 저금리시대에서는 이자소득만으로 생계를 유지하기가 어렵다.

2021년 11월 기준으로 정기예금 1년 만기 시중금리는 1~2% 정도다. 최대 2%라고 가정하고 한 달에 100만 원을 이자로 수령하려면, 내 통장에는 무려 7억 원이 있어야 한다는 계산이 나온다. 현찰로 7억 원이 있다면 대한민국 상위 1%에 드는 부자다. 부자들도 이제는 이자소득만으로 노후생활을 보내기가 불가능해졌다는 말이다.

부자들도 이런 상황인데 나머지 99%의 삶은 어떠하겠는가? 불 보듯 뻔한 이야기다. 그래서 젊은 시절 미리 연금을 포함한 노후대책을 세워놓아야 한다. 앞으로도 지속적인 저금리가 계속되겠지만, 그래도 연금보험 수익률을 올리는 제일 확실한 방법은 최대한 젊었을 때 가입하는 것이다.

두 번째, 앞으로 삶의 질은 대개 은퇴 이후에 갈릴 가능성이 농후하다. 은퇴 이후의 삶은 경제적으로 볼 때 '노후생활비 확보'와 '의료비 확보'로 정의할 수 있다. 은퇴 이후에도 돈 나올 구멍을 많이 만들어 놓은 사람과 그러지 못한 사람은 삶의 모습이 다를 것이다. 젊었을 때 노후에 필요한 의료비를 대비해 적절한 보험을 가입한 사람과 그렇지 못한 사람의 삶은 판이하게 전개될 것이다.

특히 여기서 의료비 확보는 단순히 보험을 가입했느냐의 문제가 아니다. 실손의료비 보험을 가입했다면 은퇴 이후 갱신보험료가 감당할 만한 수준인지, 은퇴 이후 지불해야 할 보험료에 대한 재원이 마련되어 있는지를 반드시 고려해야 한다. 더불어 암과 뇌혈관, 심장질환 등 주요 질병이나 간병보장에 대한 준비가 충분히 되어 있는지도 포함한다. 만약에 노후생활비만 준비되어 있고 의료비에 대한 준비가 부족하다면, 질병 발생 시 의료비가 노후생활비를 갉아먹게 될 것은 불 보듯 뻔하다.

세 번째, 지속적으로 낮아지는 저금리시대에는 보험료는 올라가고

보장은 줄어들 확률이 높다.

길게는 100세까지 보장을 해야 하는 보장성보험의 경우 현재의 예정이율을 참조해 보험료를 산출한다. 예정이율은 금리가 변한다고 즉시 변하지는 않지만, 결국은 금리를 따라 변할 수밖에 없다. 실제로 2000년 이후 보험사들은 지속적으로 예정이율을 인하했다. 예정이율이 내려가면 보험료가 올라가니, 미리 보험을 가입해야 한다는 이야기를 한번쯤은 들어보았을 것이다. 그런데 너무 어렵다. 무슨 뜻일까? 다음을 보자.

한 신혼부부가 전세자금 장만을 위해서 5년간 적금으로 1억 원을 모으기로 했다. 이때 적금상품을 5% 고정금리로 가입했다면, 이 부부가 매월 납입해야 하는 적금액은 150만 원 정도가 된다. 매월 150만 원을 60개월 불입하면, 5%의 적금이자율을 반영할 때 5년 뒤에 1억 원이 모인다는 것이다. 하지만 지금은 5% 금리를 적용하는 적금상품은 눈 씻고 찾아도 볼 수가 없다. 그럼 2% 이자율의 적금상품을 가입한다고 하자. 그렇다면 5년 동안 똑같이 1억 원을 모으려고 할 때, 이 부부는 적금액을 늘려야할까? 아니면 줄여야 할까?

당연히 적금액을 늘려야 한다. 금리가 내렸는데 똑같이 5년 만에 1억 원을 모으려면 그렇다. 계산해보니 적금액은 10만 원이 늘어난 160만 원이 된다. 5년 동안이니 10만 원씩 60개월, 즉 600만 원을 더 부어야 5년 뒤 1억 원이 모이게 된다.

도표 10-5 **예정이율이 내려가면 보험료가 올라가는 이유**

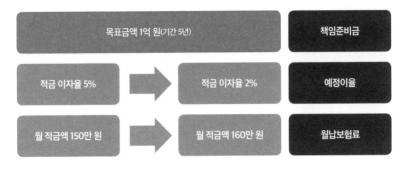

보험회사의 예정이율이 떨어지면 매월 납입하는 보험료가 올라가는 원리도 이와 같다. 앞에서 5%에서 2%로 떨어진 금리가 바로 예정이율이고, 1억 원은 보험회사가 보험금 지급을 위해 의무적으로 쌓아놓아야 할 책임준비금이며, 5년이란 기간은 보험기간이고, 매월 부어야할 적금이 바로 월납보험료가 되는 것이다. 그렇다면 금리가 지속적으로 떨어지면 보장성보험료는 지속적으로 올라갈 수밖에 없다.

이렇게 지속적인 예정이율 인하로 높아진 보험료를 그대로 상품에 반영한다면, 소비자들은 보험을 구매하기가 어렵게 된다. 그래서 보험료를 구매 가능한 수준으로 맞추려면 납입기간을 늘리거나(비갱신형 대신 갱신형 상품으로 판매하거나) 보장을 줄이는(보상하지 않는 손해를 늘리거나 보장되는 범위를 축소하는) 방향으로 상품이 개편될 수밖에 없다는 것이다. 그래서 저금리가 지속될수록 값싸고 좋은 보험상품은 줄어들 수밖에 없다.

저금리가 지속되는 지금의 금융환경에서 보험가입은 절대로 뒤로 미뤄서는 안 되는 인생 과제다. 제대로 된 상담을 받고 보장은 골고루, 충분히, 길게 준비해야 한다. 이것이 바로 내 보험을 100세까지 유지하는 핵심이다.